J. N. Becker

Versuch einer Geschichte der Hochmeister in Preußen

Seit Winrichs von Kniprode bis auf die Gründung des Erbherzogtums

J. N. Becker

Versuch einer Geschichte der Hochmeister in Preußen
Seit Winrichs von Kniprode bis auf die Gründung des Erbherzogtums

ISBN/EAN: 9783743612396

Hergestellt in Europa, USA, Kanada, Australien, Japan

Cover: Foto ©ninafisch / pixelio.de

Manufactured and distributed by brebook publishing software
(www.brebook.com)

J. N. Becker

Versuch einer Geschichte der Hochmeister in Preußen

Versuch
einer
Geschichte
der
Hochmeister in Preußen.

Seit
Winrichs von Kniprode
bis auf
die Gründung des Erbherzogtums.

Von
J. R. Becke
Doctor der Rechte.

Berlin, 1798
bey C. G. Schöne.

Dem

Herrn

Hofrath Rau

in Wetzlar.

Ihnen, mein ewig geliebter Freund,
seyen diese wenigen Blätter geweiht,
zum Beweise, wie unvergeßlich mir jene
Wetzlarischen Stunden sind, da wir mitten unter Kriegsgetümmel und Acten-
plunder das Leben genoßen, und eine
Freundschaft knüpften, die ewig seyn
wird. Seitdem hat sich (außer meinem

Herzen), Manches geändert, und ich freue mich nun doppelt, daß wir Landsleute sind. Mein Weg ist seit unserer Trennung über manche Dornen gegangen, und wenn ich mitunter ein bescheidenes Veilchen gepflückt habe, so fehlte mir doch die Freundschaft, um an meiner Zufriedenheit Theil zu nehmen. Aber jetzt,

da wir Beide auf dem Punkte stehen,
Bürger zu werden der mächtigsten und
schönsten Republik, die je war und seyn
wird, was gäbe es wohl noch über unsern Wünschen, als daß unsere Freunde
eines Glückes nicht theilhaftig werden,
welches wir durch Zufall gefunden haben, und durch die Geburt, die doch

eigentlich in unserm Eldorado nichts, gar nichts entscheiden sollte.

Hier meine Hand, mein alter Freund! So wollen wir Herz an Herz hinüber gehen in unser Vaterland, und die Bürgerkrone erst verdienen, ehe wir uns damit zieren. Sie stehen in der schönsten Blüte des männlichen Alters; Ihr

Herz und Ihre Kenntniſſe ſichern Ihnen jetzt ſchon den Dank der Republik, wenn mir mein jugendlicher Muth
den Kampfpreis zwar näher zeigt, als
er in der That ſteht, aber erſt durch die
Weisheit und den Rath eines geprüften
Freundes auf die rechte Bahn geleitet

werden muß. Diesen Freund habe ich gefunden. Und so bin ich reisefertig!

Gruß und Umarmung für Sie, und Alle, die mein noch gedenken, Mann und Weib.

Geschrieben im sechsten Jahre der Republik.

Becker.

Vorrede.

—

Der nachstehende Versuch ist durch einen Zufall entstanden. Als ich im Aprill vorigen Jahrs mit sechszehntausend Fremdlingen aus Wien vertrieben ward, hielt ich mich einige Wochen in dem Städtchen Freudenthal in Schlesien, im Gebiete des Hochmeisters, auf, wo mir von einem dasigen

Ordens = Beamten aus dem Archiv zwey
Chroniken im Manuscript mitgetheilt wur=
den, die eine umständliche Geschichte der
Hochmeister Winrich und Albrecht ent=
halten. Jene hat Kniprodens Hofkaplan,
Vinzenz von Mainz, zum Verfasser, und
fängt sich nach Chronikenart, mit Erschaffung
der Welt an, um auf das vierzehnte Jahr=
hundert christlicher Zeitrechnung zu kommen.
Ich fand darin so viele bisher unbekannte
Dinge aus der Geschichte des merkwürdigen
Winrichs, daß ich mich bald entschloß,
Gebrauch davon zu machen. Man wird
gleich bey dem Ansehen dieser Blätter fin=
den, daß sie einen weit größern Reichthum
an historischen Daten enthalten, als alle
Bücher, die von der mittlern preußischen Ge=
schichte handeln. Baczko's Buch handelt

nur auf wenigen Seiten Kniprode'ns Geschichte ab, denn es fehlte ihm, wie allen vor mir, an umständlichen Materialien. Vinzenz wohnte von 1349 bis 1386 zu Marienburg. So sagt der Abschreiber beider Chroniken in der Vorrede. Er hat selbst mit dem Hochmeister Kniprode zwey Züge nach Litthauen gemacht, und war also von vielen merkwürdigen Dingen Augenzeuge. Sein Buch führt den Titel:

Vincentii Moguntini Chronicon Prußiae, ab orbe condito, sive historia Winrici a Kniprode et pars historiae successoris.

Ich weiß nicht, ob ich bey der Zusammenstellung der historischen Facten glücklich gewesen bin, und nenne diese Blätter nur einen Versuch, bis glücklichere Umstände

und die Zeit ein vollständiges Werk zur Reife bringen, wozu mir von Mergentheim
stattliche Materialien versprochen sind. So
viel glaube ich aber gestehen zu dürfen, daß
Liebhaber der preußischen Geschichte diese
Blätter nicht ohne Nutzen aus den Händen
legen werden, denn auch aus kleinen, oft
unbedeutend scheinenden Umständen, deren
es hier viele giebt, und die ich nicht ohne
Vorbedacht aufgenommen habe, lassen sich
wichtige historische Schlüsse ziehen. Wo der
Bericht meines klassischen Autors von andern
Nachrichten abweicht, bin ich ihm nur mit
großer Vorsicht gefolgt, und habe die Abwei-
chung jederzeit in einer Note pflichtmäßig
angezeigt.

Für die folgende Geschichte fließen die
Quellen freilich nicht mehr so reichhaltig,

und ich habe dafür keinen Vinzenz mehr,
aber mir däucht, es lasse sich aus den bereits gedruckten Sammlungen mehr ziehen,
als bisher geschehen ist.

Der zweite Chronikenschreiber, Michael
von Marburg, hat die Geschichte des für
Preußen so merkwürdigen Albrechts, noch
weitläuftiger erzählt, als Vinzenz die Geschichte Winrichs. Eine unendliche Menge
von kleinen unbekannten, aber bedeutenden
Umständen findet sich in diesem Manuscrip-
te, von dem ich mir eine diplomatisch genaue Abschrift gemacht habe. Aber sein Buch
kann nur mit äußerster historischer Vorsicht
gebraucht werden, denn der Mann war erz-
katholischer Priester, abgesagter Feind der
Reformation, und seit des Jahrs 1525 elen-
der Libellant. Vielleicht (denn die Fortse-

ßung dieser Blätter hängt allein von dem
Willen des Publikums ab) vielleicht im vier=
ten Versuche werde ich seinen historischen
Charakter zu würdigen suchen, und Al=
brecht's Geschichte neu entwickeln.

Im April 1798.

Der Verfasser.

I.

Neue Wahl nach Arfberg's Entsagung.

Dusener von Arfberg, von Alter und 135l Krankheit entkräftet, hatte der Regierung entsagt. Die Ritter kamen zu einer neuen Wahl zusammen, aber in den ersten Kapiteln schien sie der h. Geist, den sie jedes Mahl zur Inspirirung anruften, nicht zu überschatten. Drei stürmige Versammlungen waren fruchtlos vorüber gangen. Partheigeist und Haß hatten die Brüder entzweit, und selbst Arfberg's Einfluß und Beredsamkeit schien dieß Mahl verlohren zu seyn. Zwei Kandidaten hatten sich zu der Hochmeisterwürde gemeldet: Winrich von Kniprode, der Großkomtur des Ordens, und Lüder, Graf

A

von Kirchberg, der Statthalter. Jener,
wacker als Soldat, ein weiser Minister, hatte
weit den besten Theil der Brüder durch Arf=
berg's Empfehlung auf seiner Seite, aber Graf
Lüder, von dem mächtigen Herzog von Sach=
sen unterstützt, schien ihm an der Stimmenzahl
überlegen zu werden. Zweimal hatte Arfberg
mit Nachdruck und Würde in der Versammlung
gesprochen, aber seinem Freunde nicht mehr als
zwei neue Stimmen erworben, da wurde die
Wahl durch ein Wunder entschieden. Ueber dem
Begräbnißgewölbe in der Kirche zu Marien=
burg ließ sich eine Stimme hören: Winrich,
Winrich, Ordensnoth!*) Was konnte dieß
sonst heißen, als: ohne Kniprode'ns Hilfe wird
der Orden in Noth kommen. „Zum Glücke ließ
sich die Kapitelsversammlung diese Auslegung ge=
fallen, und Winrich wurde durch eine entschei=
dende Stimmenmehrheit mit der Hochmeister=
würde bekleidet. Aus Verdruß entsagte Lüder

---

*) Ter sonuit super sepulcra Marienburgensia
vox: Winrice, Winrice, ordo facillat, ter reso-
navit. Vincent. Chron. pag. 6.

der Statthalterschaft und dem Orden, ging mit dem Könige von Böhmen gegen die Schweizer zu Felde, und fand den Tod unweit Zürich.

Die Feierlichkeiten bei der Installation des neuen Großmeisters waren für die damahligen Zeiten ausgesucht und prächtig. Den Bürgern zu Marienburg wurde ein freies Pankett auf dem Schlosse gegeben, zu welchem die Stadt Danzig sechs Fässer inländischen Weines geschenkt hatte. Am andern Tage war nach Winrichs neuer Erfindung Vogelschleßen, und die Bürger hatten die Freude, ihren neuen Herrn zum Vogelskönig zu krönen, denn er hatte mit der Armbrust den Vogel von der Stange gelegt, und auf dem weißen Steine vier Mahl in's Schwarze geschossen. *) Abends tanzte er mit der schönen Maria von Alfleben den Ehrentanz, zu dem drey Pfeiffer aus Frankfurt am Mayn aufspielten, die nach der Küste gekommen waren, um Börnstein zu kaufen. Ein Meistersänger aus

---

*) Deposuit avem tets ex arcu misso et perfodit quater arte mirifica cor in lapidó albo pictum. L. e. p. 8.

A 2

Nürnberg, den der Schloßhauptmann von Vogelsang nach Preußen gebracht hatte, sang die Geschichte des alten heidnischen Götzen Bachus, und ward von dem Hochmeister mit einem güldenen Becher beschenkt. Das Glück reizte den preußischen Dichter Rixel. Von Nationalstolz entbrannt, bat er um Erlaubniß, gegen das Verbot in preußischer Sprache ein Gedicht singen zu dürfen. Er erhielt sie, und sang die Thaten des tapfern Waidewuts, und verglich dabei den neuen Hochmeister mit dem Sterne, der den drei äthiopischen Königen an der Krippe zu Bethlehem geleuchtet hat. Er erhielt eine verdeckte Schüssel zum Lohn, in der ein großer Schatz verborgen seyn sollte. Entzückt eilte Rixel nach Hause, deckte die Schüssel auf, und fand sie voll tauber Nüsse und folgenden Vers:

> Niemahns hat verstanden deß arme Prusse,
> Deß thu ich ihm schenken hundert falsche Nüsse.

Die Geschenke der Städte waren 3 Tage lang unter der Weide zu Marienburg zur Schau gestellt. Es befanden sich darunter 6 goldene Schüsseln der Danziger, ein künstlich gearbeitetes Hifthorn der Elbinger, ein Stück

von der Arche Noah's in einem silbernen Ka-
sten von der Stadt Culm geschenkt, eine Stahl-
rüstung mit goldenen Buchstaben von den Bürgern und ein von den Mädchen zu Marienburg prächtig gestickter Wamms. Sechs Ritter
hielten mit blankem Schwerte dabei Wache.

Bei dem Ehrenmahl mußte jeder Gast ein
silbernes Becken mit acht Weinflaschen, die sich
selbst ergossen, auf Einen Zug leeren. Der
wackere Trinker, Veit von Bassenheim leerte
es drei Mahl. Er ward Schloßhauptmann. Ein
böhmischer Hofnarr unterhielt die Gesellschaft mit
lustigen Schwänken, und wurde von Winrichen
und allen Gästen beschenkt, und dem Könige von
Böhmen stattlich empfohlen. Nach acht in Saus
und Braus durchbrachten Tagen reis'ten die Ritter ab, 54 Fremde nach Deutschland, zwölf nach
Pohlen, und die 3 Gesandten von Danzig nach
ihrer Vaterstadt.

II.

Geſchichte des Kriegs gegen die Litthauer.

———

In der ganzen Regentenreihe ſteht Winrich, als Staatsmann und als Held oben an. Unter ihm war von allen Seiten goldenes Zeitalter des Ordens. Nur der hartnäckige Kampf gegen die Litthauer, in frühern Zeiten angefangen, und erſt unter den folgenden Regierungen geendigt war ein fürchterliches Zwiſchenſpiel in den weiſen Regentenjahren Winrichs. Zahlreiche Schaaren ſtreitbarer Männer aus allen Gegenden Deutſchlands und aus Frankreich, und die junge Heldenzucht des Ordens gingen in dieſem mit abwechſelndem Glücke geführten Kriege unter. Man weiß in der That nicht, ob man die Heldenthaten der Ritter, oder den ausdauernden,

immer wieder auflebenden Muth der Litthauer
mehr bewundern soll. *) Dieser Krieg ist ein
redendes Beispiel in der Geschichte des Mittel=
alters, wie schwer ein Volk zu bezwingen ist,
das für seine Freiheit, seine Existenz ficht. Et=
was mehr zusammenhängendes Interesse der Be=
wohner des Landes, und Vereinigung der einzel=
nen Stämme unter Einem Anführer, und die
Deutschherrn wären nie Meister von Preußen
geworden, hätten nie siegreiche Waffen bis in
das Herz von Litthauen getragen. Aber dem Or=
den kam eine Menge Vortheile zu statten, die
sein Kriegsglück beförderten. Ein stehendes Heer
von 6000 Rittern **) war schon zum Kampfe
bereit, ehe der Feind seine Häufchen versammeln
konnte. Der Zufluß von Kreuzfahrern und Rit=
tern aus Deutschland, jene von Religionseifer
und Aberglauben, diese von eigenem Vortheile
beseelt, war eine nie versiegende Quelle. Der
deutsche Adel fand hier ein stattliches Unterkom=

---

*) Spittler's Entwurf der europäischen Staaten=
geschichte II. 437.

**) Baczko's Geschichte Preußens. I. 36.

men für seine Söhne, der Ehrgeiz und die Hoff=
nung, vielleicht einst an der Spitze des Ordens
über ein ganzes Volk regieren zu können, be=
lebte den jungen Helden. Vielleicht gab es da=
mahls nicht Eine adelige Familie in Deutschland,
die nicht einen Anverwandten unter den Deutsch=
herrn gehabt hätte. So wurde die Größe des
Ordens von allen Seiten recht planmäßig be=
günstigt. Der ungeheure Aufwand, den er, be=
sonders seit der Mitte des dreizehnten Jahrhun=
derts, von seinen politischen Kräften machte,
galt der eigenen Größe, und der Befestigung der
Ordensmacht auf ewige Zeiten. Die Besiegung
der Littauer sollte dem großen Werke die Krone
der Vollendung aufsetzen, und dem schönen Ri=
valitätskampfe mit den Königen von Europa
neue Kräfte geben. Winrichs großes Genie
hatte dieß recht gut berechnet. Er selbst ist der
erste Held in diesem blutigen Kampfe.

Als Großkomtur des Ordens in der Schule
der Staatsklugheit erzogen, und unter den vori=
gen Regierungen in Schlachten versucht, konnte
er selbst handeln, wo es galt. Als Abenteuerer
hatte er für die Sache des edlen Ludwigs von
Baiern gegen den König von Böhmen gefoch=

ten, und mit den edelsten deutschen Jünglingen
für den rechtmäßigen Kaiser geblutet. Ein statt-
licher junger Mann, voll blühender Schönheit
und männlicher Stärke, war er nach Marienburg gekommen, wo er im sechs und zwanzigsten Jahr seines Alters zum Mitgliede des Ordens aufgenommen wurde. Die Energie seines
vortrefflichen Geistes, womit er das schnell voll-
führte, was er anfing, und besonders die sanften Menschheitsgefühle, wodurch er sich alle Herzen verband, schafften ihm Ansehen und Freunde.
Aber der Neider war keine kleinere Zahl; und
Ulrich von Ochtendung sein bitzigster Rival.
Beide wurden von dem Hochmeister Arfberg
nach Mainz geschickt, um den Beistand des
Erzbischoffs in einer Schuldfoderungssache gegen
die Bürger von Frankfurt zu suchen. Ulrich
reis'te mit dem Vorsatze von Marienburg
ab, seinem Begleiter auf diesem Zuge eine Grube
zu graben. Friedlich waren sie bis Erfurt gekommen, als Ulrich vor dem Thore sein Pferd
wandte, und mit dem Abschiede davon ritt:
lebt wohl, Herr Bruder Komtur, anders sehn wir uns wieder. Unbesorgt setzte
Winrich am andern Morgen seine Reise mit

3 Reisigen fort, aber' zwei Tagreisen von der
Stadt wurde er in einem Walde von einem Haufen bewaffneter Bürger überfallen, und gefangen
nach Frankfurt gebracht, wo ihn Ulrich mit
schelmischem Händedruck empfing. Sechs Wochen lag der Löwe in schmählichen Ketten. Ein
Liebeshandel seines Wächters machte ihm Luft.
Er sprang mit Lebensgefahr von der hohen Te-
rasse des Rathhauses, und entkam glücklich nach
Mainz, wo er seinen Auftrag bestellte, und
darauf zurück nach Preußen kam. Ulrich hatte
unterdessen in Marienburg einen Roman er-
sonnen, und die Nachricht von des Komturs
Tode verbreitet. Aber dieser ging zu ihm, drückte
ihn brüderlich an's Herz, und verzieh ihm nicht
allein sein Bubenstück, sondern verschwieg auch
dem Hochmeister den ganzen Vorgang. Vinzenz kennt Beide in der Folge als die wärmsten
Freunde. Der Räuberzug der Litthauer nach
Ressel kostete Ulrichen das Leben. Sein
Freund ließ den Leichnam auf dem Mordfelde
suchen, und ihn auf den Ochtendungschen
Familiengütern im Trierschen begraben. *)

---

*) In archiepiscopatu patrino, heißt es in Vin-

Winrichs persönlicher Muth in der Schlacht
war nach dem Zeugnisse aller gleichzeitigen Schriftsteller außerordentlich. Keine Gefahr war ihm
zu groß, wenn sie zur Erreichung seines Zweckes
führte. In dem hitzigsten Gedränge focht er an
der Spitze seiner Krieger, beim Sturme stand
er zuerst auf der Leiter. Er war die Seele von
sechstausend muthigen Rittern, die von Einem
Interesse belebt wurden, und für eigene Größe
stritten. Er theilte Brot und Beschwerlichkeiten
mit dem gemeinen Soldaten, und lag gewöhnlich unter freiem Himmel, oder war noch unter
seinen vertrauten Generalen mit dem Entwurfe
eines neuen Operationsplanes beschäftigt, wenn
seine brave Armee im Lager schlief. Drei Tage nacheinander fand ihn die aufgehende Sonne noch an
dem nämlichen Arbeitstische sitzen, wo ihn die
untergehende verlassen hatte. Vorzüglich groß

---

cent. Chron. Also wahrscheinlich im Erzbisthum
Trier, wo es nach Hontheim hist. trev. diplom.
ehemahls eine Familie Ochtendung gab, die in dem
Dorfe gleichen Namens auf dem Mayenfelde unweit
Koblenz eine Burg hatte.

zeigte er sich in der Bildung wackerer Soldaten,
und noch unter seiner Regierung hatte die Ordensarmee die vorzüglichsten Offiziers von allen
europäischen Heeren. Streng war er, wo es
galt, und unerbittlich streng, wo es darauf ankam, ein Beispiel zu geben, aber nachgebend und
liebevoll bei den Fehlern der Jugend, die Unbe-
sonnenheit und Unerfahrenheit zum Grunde hatten. Die Knospe des Ruhms der preußischen
Edlen, die erst im vorigen Menschenalter zu der
schönsten Blüte gedieh, war unter ihm schon im
Aufspringen, denn er war es unter den Ordens-
regenten hauptsächlich, der den preußischen Adel
in die Zahl seiner Ritter aufnahm, wenn sie sich
im Kriege brav hielten und Talente zeigten. Er
hat dadurch vorzüglich bewiesen, wie schlecht berechnet der Plan seiner Vorgänger und einiger
seiner Nachfolger war, der dahin ging, die alten
Bewohner des Landes ganz auszurotten oder zu
unterjochen, weil sie Aufstand und Verrätherei
anlegten. *)

---

*) Baczko selbst sucht die Grausamkeit der Hoch-
meister hierdurch zu entschuldigen. Meines Erach-

Außer der Landarmee hatte Kniprode die
Macht zu Wasser bis auf 8 trefflich bemannte
Schiffe vermehrt, denen der Admiral Bonström kommandirte. Dieser Mann war in seinen jüngern Jahren mit Danziger Kaufleuten
auf Reisen gewesen, und hatte in den Niederlanden die Schiffsbaukunst gelernt.

Der zweite Held in diesem Kriege ist der
Komtur von Lablau, Adolf Heinrich Schindekopf, Winrich des Großkomturs Waffen-
bruder und vertrautester Freund, jetzt des Hochmeisters erster General. Ein Mann war Schindekopf, brav wie seine Klinge, aber hart und
unbiegsam, so recht wie die alten Rausche-
bärte seiner Zeit, ohne die sanften Menschheitsgefühle, die der ersten Stiftung des Ordens ge-
mäß ein Hauptzug in dem Charakter der Brüder seyn sollten. Unter den Waffen grau geworden, hatte er unter zwei Regenten für die
Größe des Ordens mit erhabenem Muthe, ho-
her Einsicht und seltener Enthaltsamkeit gefoch-

---

tens war es aber bloße Regentenschwachheit, die
zeigte, daß sie nicht Kniprode waren.

ten. Klein von Statur, eine hoch gewölbte
Stirn, ein ungeheures Nasengebirge, Feuer im
Auge, Anmuth um den Mund und Stärke in
der Faust, dieß waren Schindekopfs körper-
liche Eigenschaften. *) In der Schlacht ritt er
gewöhnlich einen mit seiner Statur seltsam genug kontrastirenden großen Goldfuchs, noch selt-
samer der Reißaus genannt. Wenn er auf dem
Rücken dieses Pferdes und an der Spitze seiner
versuchten Krieger den Litthauern über das Land
fuhr, pflegten die Worte: wacker wie ein Or-
densbruder, und schnell wie mein Roß
und Gottes Wind, sein Waldspruch zu seyn.
Ein Feind der Pracht und des Wohllebens nach
ächt militärischer Sitte versagte er sich alle Be-
quemlichkeit im Felde. Er schlief meist nur 3
Stunden auf harter Erde über seinem Ordensmantel, und erlaubte keinem seiner Offiziers,
was er sich selbst versagte. Im Uebertretungs-
falle war er unerbittlich strenge und selbst oft

(* Statura parva, frons altus, nasus valde gib-
bosus, oculus igniferus, os gracile, manus fortis
Vincent. p. 102.

grauſam. Der Hauptmann Hans von Wal=
lach, und Albrecht, Vogt von Schippen=
bell mußten es empfinden. Von einem vertrau=
ten Offizier begleitet ritt Schindekopf einſt in
der Nacht die Runde im Lager, und fand Beide
über einem Bund Stroh eingeſchlafen. Erzürnt
weckt er die Schläfer auf, und durchbohrt Wal=
lachen, der ſich ihm zuerſt entgegen regt, auf
der Stelle mit der Partiſane. Albrecht rettet
ſich auf der Flucht, wird aber niedergeworfen,
und Tags darauf mit den Füſſen an den Schweif
einer Stute gebunden, durch das Lager ge=
ſchleppt.

Der Komtur, Heinrich von Kranich=
feld, der dritte Held, war Schindekopfs
ächter Widerpart. Sanft und nachgebend zeigte
er ſich gegen ſeine Leute, und erreichte das ge=
wöhnlich mit linden Worten, was dieſer befahl
oder ertrotzte. Fromm war er, ohne doch aber=
gläubig zu ſeyn. Er ging nie in die Schlacht,
wenn er ſich nicht vorher Gottes Beiſtand er=
fleht, und wenn er geſchlagen hatte, ſo warf er
ſich gewöhnlich auf dem Schlachtfelde nieder,
und dankte dem Himmel für den Sieg in glü=
henden Gebeten. Winrich ſchätzte ihn vorzüg=

lich wegen seiner guten Eigenschaften, aber er machte ihm auch nicht selten Vorwürfe über den sinnlichen Genuß, der ihm den Gelübden des Ordens zu Folge ganz verboten war. Sein Tod unweit Reffel entpreßte dem Hochmeister Thränen, und die Worte: wahrlich, Kranichfeld war ein tapferer Soldat, hätte er nur keine Weiber gekannt.

Unter den litthauischen Feldherrn kennen wir die Namen zweier Brüder, Keistut und Olgard. Aber die Chronikenschreiber sind höchst unzuverlässig über Beide, und wir lernen sie aus ihren Berichten nur als berüchtigte Räuber kennen. Aber ihre Thaten sprechen desto lauter für sie. Hohen Muth und nie ersterbenden Geist kann ihnen Niemand absprechen, wiewohl es ihnen nicht selten an der kalten ruhigen Ueberlegung gefehlt zu haben scheint, die dem großen Feldherrn nie fehlen darf.

1352 Im Anfange des Jahrs 1352 kam die Nachricht, daß die Litthauer sich zu einem Einfalle in Preußen rüsteten, und in kleinen Haufen schon an der Grenze streiften. Der Hochmeister kam ihnen aber dieß Mahl zuvor. Im Februar setzte er sich an die Spitze von 4000 wehrhafhaften Männern von Marienburg in Marsch, in Begleitung des Burggrafen von Nürnberg, und des Grafen von Oettingen *), gewann dem Feinde den Vorsprung ab, und drang bis in die Gegend von Gesow und Pastow vor. Zwei Mahl schlug er, zwei Mahl war Sieg sein Lohn. Fünf hundert, drei und sechzig Gefangene, unter denen sich dreißig der edelsten Litthauer befanden, mußten sich mit dem ganzen Gepäcke dem Sieger in die Arme werfen. Aber der schleunige Eintritt des Thauwetters gegen Ende des März nöthigte die siegreiche Armee zu einem schnellen Rückzuge, wenn sie es nicht wagen wollte, im feindlichen Lande durch das Austreten der Flüsse und Bäche abgeschnitten und aufgerieben zu werden. Winrich passirte die Memel, aber hier empfing ihn das feindliche Heer mit einem wütenden Anfalle. Von beiden Seiten kostete es viel Blut; die Ordens-Armee ließ über 300 Mann auf dem Platze, und fast hundert fanden in den überströmenden Gewässern den Tod. Winrich, um den Rückmarsch zu erleichtern, ließ die Gefangenen zurück, ver-

---

*) Schütz, p. 164.

B

theilte seine Beute unter die Armee, und setzte sich erst wieder in dem Ordensgebiete, wo er den Feind erwartete. Aber dieser wollte erst neue Kräfte sammeln, und der Hochmeister führte bald darauf seine Krieger heim.

Zwei Monate hernach überzogen die Litthauer von neuem das Ordensgebiet in vier Kolonnen. Siegreich waren sie bis tief über die Grenze gestreift. Wo sie hin kamen, war ihr Weg mit Blut bezeichnet. Kinder und Greise und Weiber wurden auf die unmenschlichste Art niedergemacht, die Mädchen geschändet, die Männer verstümmelt, lebendig geschunden und an Bäume genagelt. Der Komtur Rüdiger, der sich mit seinem Häufchen dem Feinde entgegen warf, ward gefangen, in Ketten geschlagen und vor den Hordenführer Olgard gebracht. „Ha willkommen, edler Ritter, zum Feste für meine Rache, schnaubte ihn der Barbar an, und ließ ihm ein glühendes Eisen durch den Hintern stoßen! Rüdiger knirrschte mit den Zähnen, aber er schrie nicht, wie es Olgard wollte. Ich will dir den Trotz schon ausjucken, entgegnete dieser. Da wurden vier Fohlen gebracht, um den braven Krieger zu zerreißen. Er wurde zerrissen, aber er schrie nicht.

Ob der Hochmeister selbst diesen Auszug mit gemacht habe, davon erwähnen die Chronikenschreiber nichts. Aber Schindekopf erntete hier Lorbeern des Helden. Er ließ den Komtur Kranichfeld den Feind angreifen, und in der Hitze des Kampfes eine verstellte Flucht machen. Kranichfeld zog aus, und traf unweit Lablau auf die vierte Rotte des Feindes. Muthig griff er an, und brachte sie zum weichen. Jetzt war der entscheidende Augenblick da, das Stratagem geltend zu machen. Er zog sich unter dem Siege zurück. Die Litthauer waren kaum von dem Erstaunen über diese Flucht zurück gekommen, da warfen sie sich dem abziehenden Sieger in den Rücken, und verfolgten ihn bis Lablau, wo Schindekopf mit dem Hinterhalte hielt. Der litthauische Feldherr zerstreuete seinen Haufen mit den Worten: Beute, Brüder! Wütend warfen sich seine Leute in die umliegende Gegend und plünderten Alles. Die Dörfer gingen hinter ihnen in Flammen auf. Jetzt brach Schindekopf wie der Löwe aus dem Hinterhalte hervor; er selbst mit dem Schwerte in der

Fauſt an der Spitze ſeiner Rache ſchnaubenden
Krieger, und überfielen die nichts beſorgenden
Plünderer. Die Scene war ſchrecklich, als noch
die Landbewohner mit ungewohnten Mordgewöh-
ren ſich zu den Rittern geſellten. Alles, was
Litthauer hieß, wurde niedergehauen. Viele bra-
chen mit dem Eiſe auf der Deima ein und er-
ſoffen. Nur 45 wurden gefangen. *) Kein
Mann von der ganzen Kolonne entging, der Oli-
garden die Nachricht von dem Unglücke hätte
bringen können. Der kopfgeharniſchte litthäuiſche
Anführer Rulgord fiel unter Schindeköpfs
mächtigen Hieben. Seine Begleiter erhuben ein
verzweifelndes Geſchrei, als ſie ihn todt dem
Roſſe entſtürzen ſahen, und ſenkten ſich die
Schwerter in die Bruſt. Vinzenz gibt die Anzahl der erſchlagenen Krieger in dieſem Kämpfe
auf dritthalbtauſend an. Mit ihm war der Feldzug für dieſes Jahr geendigt. Schindekopf
zog ſiegreich in Marienburg ein; die Glocken
hallten dem Sieger entgegen, die Mädchen beſtreu-
ten ſeinen Pfad mit friedlichen Blumen, und der

*) Schütz, p. 165.

Hochmeister in Begleitung der Kapitels-Brüder empfing ihn mit brüderlichen Umarmungen.

Jahrs darauf erschienen Keistut und Olgard wieder in Preußen mit zwanzig tausend Kriegsgesellen und drüber. Wie wilde Thiere fuhren sie über das Land bis in die Gegend von Reissel, und verbrannten Dörfer und Kornfelder und fruchtbare Weinberge und Wiesen mit barbarischem Wohlgefallen. Fünfzehnhundert Gefangene, theils von der Kolonne des Komturs Roderich von Gehlen, theils Bauern führten die Sieger weg. Alles übrige floh in Verzweiflung. Da warfen sich der Vogt von Ermeland, Friedrich Obart, und der Komtur Kranichfeld mit ihren kühnen Kriegern dem Feinde entgegen. Aber zu stolz auf ihre Heeresmacht blickten sie verächtlich auf die Kraft ihrer Gegner. Erst nach einem sechs stündigen hitzigen Kampfe ging Olgard auf die Flucht und machte das Land neuerdings zur Wüste, raubte, brannte, würgte. Die Ordensritter funkelten von edler Wuth, und vergaßen, daß hitziges Nachsetzen oft gefährlicher sey, als die hitzigste Schlacht. Viele der wackersten und edelsten Kämpfer fanden den Tod. Da fiel Obart und

1353

fiel Kranichfeld, und brachten durch ihr ruhm-
würdiges Unglück einen panischen Schrecken über
die Ordensarmee. Zwar Hans von Winne-
burg sprengte an die Spitze des erschrockenen
Volkes und sprach aus der Fülle seines tapfern
freien Herzens den Kleinmüthigen Muth ein.
Aber es ließ die Waffen fallen und der Feind
zog mit seiner Beute davon und würgte alle
Gefangene nieder, weil sie ihn auf der Flucht
aufhielten.

Anderthalb Jahre vergingen nun ohne fer-
nere Unternehmungen. Aber die Grausamkeit
der Litthauer gegen unbewaffnete Krieger, hatte
den Hochmeister zur Rache entglüht. Er schwur,
als ihm die Nachricht der kühnen That ward,
nicht eher zu ruhen, als nach einem glorreichen
Sturze der ganzen litthauischen Macht. Er
schrieb sogleich ein Kapitel für alle Ordensbrüder
aus. Am sechsten Tage im März des folgenden
Jahres war große Versammlung zu Marienburg. Kniprode trat in die Mitte und sprach
auf folgende Weise: „Vortrefliche, tapfere, süße,
in Gott geliebte Brüder. Die Grausamkeit der
Barbaren hat unsern edlen Waffenbrüdern einen
unedlen Tod bereitet, einen Tod, der den Him-

mel für unsere Sache gegen die Wütriche noch
feuriger reizen muß. Blickt hin auf die Särge
der für den Orden und für die ganze Christen-
heit verbluteten Obart und Kranichfeld, auf
dem Mordplatz bei Ressel. Laßt uns da den
Todesbund der Rache enger und fester knüpfen
und ausziehen zum Streite gegen das barbari-
sche Volk, das die Menschheit vergessen hat bei
dem Morde unserer Brüder. Blickt hin auf die
verödeten Fluren, auf die verwais'ten Kinder
nnd Frauen, auf die verbrannten Dörfer des
Landes, und das Herz wird euch höher wallen,
als dem braven Krieger in der Stunde der
Schlacht. Rache, Rache sey unsere Losung und
Menschlichkeit unser Panier, der Ordensruhm
der Sporn im Kampfe, die Religion unser Zweck."
Er wollte weiter sprechen, da schlugen die Brüder an ihre Panzer und mahnten in die Waffen und rüsteten sich zum Kampfe. Herolde eilten nach Teutschland und Frankreich und posaun-
ten den Kreuzzug in die vier Winde, aber da
hatte der Partheigeist mächtig mit eigenen Ge-
fahren zu kämpfen. Es wurde zwar Hoffnung
auf Hilfsvölker gemacht, aber ihre Ankunft verzögerte sich von einem Monate zum andern und

verzögerte sich bis in's dritte Jahr. Der Hochmeister unterließ dagegen nichts in seinem Lande
zur Rüstung und zum Auszuge des Heeres.
Zwei tausend Pferde wurden in Polen und Böhmen gekauft, und eine schöne muthige Reuterei
ausgerüstet, unter dem Befehlen des Komturs,
Siegfried von Tannenfeld. Was Waffen
tragen konnte in Preußen, wurde aufgeboten,
und ihr Muth durch die Religion angefeuert.
Auf einem offenen Platze zu Marienburg
ward ein prächtiger Altar errichtet, und täglich
von den geistlichen Ordensbrüdern ein feierliches
Hochamt gesungen. Neun und zwanzig edle Litthauer, von Schindekopf gefangen, nahmen
die Taufe. Ein Jude, der aus Polen verkleidet
im Lande war, (Siegfried von Feuchtwangen hatte sie alle vertrieben) mußte das
blutige Opfer fanatischer Wut werden. Er wurde
erkannt. Da schleppten ihn vier Knechte durch
die Straßen der Stadt und übergaben ihn der
Wut des Pöbels, denn so wollte es Schindekopfs Härte gegen die widerstrebenden Menschheitsgefühle des Hochmeisters. Vinzenz reizte
das Volk durch donnernde Kreuzpredigten. *)

---

*) Zwei davon sind durch seine Chronik auf die

Und im Sommer des Jahrs 1354 sollte das Heer ausziehen. Aber der Zufall wollte es anders, und selbst die Natur schien sich der Mordlust der erzürnten Ritter zu widersetzen. Mächtige Sturmwinde, die über das Land fuhren und tausendjährige Wälder entwurzelten, ungewöhnliche Kälte und anhaltende Regengüsse hielten den Ausmarsch des Heeres zurück, das aus sechzigtausend streitbaren Männern bestanden haben soll.

Die Zeit erkaltete den Muth in den Herzen[1355] der Krieger und selbst Kniprode schien die Idee eines Landsturmes aufgegeben zu haben. Nur zehntausend Mann machten einen Streifzug in des Feindes Land. Siegfried von Tannenfeld führte an. Fünf Tag Reisen weit streifte dieß Korps über die Grenze von Litthauen mit hohem Waffenglücke. Denn Keistut hatte sich mit Olgarden entzweit und drohte fürchterlich. Tannenfeld versprach ihm Schutz und Beistand, wenn er die Taufe nehmen und sich mit ihm gegen Olgarden vereinigen wollte. Aber

---

Nachwelt gekommen. Sie sind so recht im Bernhardschen Tone abgefaßt. S. 30. 36.

der edle Litthauer wollte seinen Groll gegen einen
Einzelnen nicht in dem Unglücke seines Vater-
landes befriedigen. Erzürnt über den ehrenschän-
derischen Antrag des christlichen Generals ließ er
den Gesandten Nasen und Ohren abschneiden,
und Tannenfelden die Antwort bringen: er
möchte Gesandten, die ihm einen ähnlichen Antrag machten, kreuzigen lassen. *) Tannenfeld rächte die Schmach seiner Gesandten mit
der Plünderung des Landes, und kehrte mit
Beute beladen heim. Eben dieß that er im folgenden Sommer. Aber den Rückgang des dritten Auszuges mußte der unglückliche Brand des
Schlosses zu Ragnit beschönigen. Wahrscheinlich wurden aber die Ritter durch die kriegerische
Rüstung der Litthauer zurück geschreckt, denn
nun waren die Brüder wieder versöhnt und aller
Groll vergessen. Keistut erschien selbst an der
Spitze einer Rotte von zehntausend Mann in
der Gegend von Allenstein und schlug ein kleines Korps ihm entgegen kommender Ritter mit

---

*) More antiquo nasis et auribus privari jus-
sit, et remisit his verbis: licere domino, legatos similes cruci affigere. **Vine. Chron. pag.** 68.

ihren Kampfgesellen. Da brannte und mordete er, wie gewöhnlich, und trieb Landleute und Weiber in die Gefangenschaft und christliche Priester.

Endlich langten die aus Teutschland und Frankreich längst erwarteten Kreuzfahrer an, zusammen gelaufenes Gesindel, wie es meist nach dem gelobten Lande zog. Beutelust, eiserne Schulden, Leibeigenschaft, Sünden und fanatischer Eifer trieben sie in ferne Lande. Doch kam auch mancher wackerer Ritter mit, der aus Ruhmbegier kämpfte. Die Chronik nennt hier Helden aus den edelsten teutschen Familien, einen Walter von Stadion, der kurz vorher einen Zug gegen Glarisland gemacht hatte, *) Hans von Bassenheim, Ludolf Kämmerer von Worms, Erich von Sickingen, Veit von Leyen, Hinkmar von Braunshorn, den Graf von Burgund **) u. a. Auch an fanatischen Mönchen fehlte es dieß Mahl nicht, die wie weiland Peter der Schwärmer den Haufen voranzogen, und die Herzen durch Gebete entflammten. Erst im Julius kam

----

*) Müller's Geschichte der Schweizer. Th. I.
**) Schütz, p. 166.

das Heer vor Marienburg, wo ihm die Or=
denspriester vor das Thor in feftlichen Amtsklei=
dern entgegen gingen. Tags darauf empfingen
fie das Abendmahl, und zogen dann gen Lit=
thauen, nachdem fie fich vorher mit den Franzo=
fen vereinigt hatten, die zur See nach König=
berg gekommen waren. Schindekopf*) felbft
fetzte fich an die Spitze. Mehrere Ordensritter
folgten nach. Unweit Galva machte das Heer
auf einer Ebene Halt, und bot dem feindlichen
Partheihaupte Gaftud eine Schlacht an. Die
Sonne ftand noch hoch, da begann der Kampf;
fpät Abends war er geendigt. Zweitaufend Lit=
thauer lagen auf dem Wahlplatze, unter ihnen
die Edlen von Leyen und Brannshorn. Der
Verluft des Feindes auf der Flucht war, wie ge=
wöhnlich, noch größer. Schindekopf verfolgte
hitzig und ließ das Gepäcke zurück, das während
der Flucht des Hauptheeres von einem Hinter=
halte erbeutet wurde. Zweihundert Kreuzfahrer,
die Bedeckung, wurden niedergemacht.**)

    Schindekopf trieb fich drei Jahre mit

---

*) Schütz nennt Taunenfelden. S. 166.
**) Schütz gibt die Anzahl nur auf 120 an. f.

dem Kreuzheere abwechselnd in Feindes Land
und an der Grenze herum, und machte manchen
kostbaren Verlust. Die Ordensschriftsteller suchen
ihn, wie immer, durch Verrätherei und Unglück
zu entschuldigen. Die Litthauer mußten hier,
wie die Sarazenen im Orient den Christen Gift
unter das Mehl mischen. Vinzenz erzählt das
von vier kühne Fabeln. *)

Gegen Ende des Jahrs 1359 zogen dreitau- 1359
send Kreuzfahrer nach Hause, viele mit litthäui-
schen Mädchen, die zur Taufe gezwungen und
am Rhein Mütter von litthauisch - teutschen Kindern wurden. Walter Stablon führte Keistuts neunzehnjährige Tochter heim, aber er
nahm sie nicht zum Weibe. Hinter mitleidslosen
Mauern mußte das arme Mädchen in dem Agnes-
senkloster zu Mainz ihr Leben verkümmern, und
entfernt von dem Genusse der Liebe die Annahme
der Taufe büßen, da sich die edelsten Litthauer
um ihre Hand bewarben und blühendes Hofglück
und Reichthum ihrer im Vaterlande warteten.

Kniprode war seinem Schwure einen Feld- 1361
zug schuldig. Er rüstete und vereinigte sich mit

---

*) In Chron. cit. p. 97.

Schindekopfs Heer und den Kreuzfahrern.
Sein Hofkaplan begleitete ihn auf diesem Zuge
und hat uns eine stattliche Panegyris darüber
hinterlassen. Dreißigtausend Mann war das
christliche Heer stark; fünfunddreißig Komture
führten die verschiedenen Haufen an. Der Hochmeister hatte das Hauptkommando. *) Keistut
hatte ein Heer von fünfzigtausend Mann nordi-
scher Völker aus allen Gegenden zusammen ge-
zogen; blutdürstige Krieger, mit denen er dieses
Mahl Marienburg selbst zu bedrohen gedachte.
Sein ältester Sohn Patrik führte einen Haufen von fünftausend Speerreutern. Am zweiten
April **) erschien die litthauische Armee auf der
Ebene vor Kauen. Kniprode stellte sein Heer
in Schlachtordnung und führte es muthig gegen
den Feind. Die Litthauer fochten brav und
brachten den Hochmeister zum weichen, da Schindekopf mit seiner Reiterei auf der andern Ecke
schon geschlagen hatte. Kniprode zog sich in
Unordnung zurück, aber die Sieger lüsteten nach

---

*) Die Hochmeister-Chronik in der Handschrift.
S. 103.

**) Dominica Judica. Schütz. S. 167.

Beute und verfolgten nicht. Mit aufgeheiterter
Miene und ungewöhnlicher Stärke, der Alles
weicht, nahm Kniprode das Panier zur Hand,
versammelte seine Leute wieder, sprach ihnen
Muth ein, drang vor und suchte die Gefahr unter dem feindlichen Haufen. Ein wütender hartnäckiger Kampf. Haufen auf Haufen fielen die
Ritter um den Hochmeister. Aber Glück und
Ruhm sind der Lohn der Beharrlichkeit. Der
Kern von Keistuts Truppen wurde von Kniproden in die Flucht geschlagen. Schindekopf
hatte drei Wunden und focht noch an der Spitze
seiner Reiterei gegen einzelne Haufen, die auf
der Flucht Halt machten, und sich ihm entgegen
warfen. Der Sieg war theuer erkauft. Achtzehnhundert von der Ordensarmee lagen todt auf
dem Schlachtfelde. Ueber siebenhundert waren
verwundet. Erich von Sickingen wurde von
Pferden zerquetscht. Die Litthauer hatten an
diesem blutigen Tage an dritthalbtausend Kämpfer auf dem Platze gelassen. Viele, die auf
der Flucht die Waffen niederwarfen, wurden mör-
derisch von dem nacheilenden Sieger niedergehauen. Dieser Tag schien das Schicksal des
ganzen Krieges zu entscheiden, denn der erste

Held der litthauischen Armee, Keiſtut, mußte
ſich mit einem Häufchen Reiterei an den Ritter
Hekerbig *) ergeben, und wurde gefangen
nach Marienburg gebracht. Kniprode be-
handelte ihn großmüthig. Er ſah ihn ſeit der
Gefangennehmung nicht wieder, um ihm alle
Demüthigung zu erſparen. Keiſtut wurde auf
dem Schloſſe in ſtandesmäßigem Gefängniſſe gehalten, und von Edlen bedient. Selbſt das Eh-
renzeichen des Kriegers, ſein Schwert wurde ihm
auf des Hochmeiſters Befehl gelaſſen. Er betrug ſich ſtolz, und entfernte ſich, wenn ihn die
Ritter beſuchten, um ihn zu tröſten. Sein feſter
männlicher Sinn ſchien ſeinem Unglücke Trotz zu
bieten. Er aß kärglich und gönnte ſeinem er-
matteten Körper nur wenigen Schlaf. Sechs
Wochen ſaß er hier. Da traf ſich's, daß ein
junger Litthauer, Namens Alf, **) der in Preußen die Taufe genommen hatte, ihn bediente.
Keiſtut ſuchte ihn durch das Verſprechen einer
ehrenvollen Zukunft zu gewinnen, wenn er ihm
zur

---

*) Petrus de Dusburg apud Hartknoch, p. 425.
**) Ibid.

zur Flucht behülflich seyn wollte, Tag und Stunde
und Losung wurden verabredet. Keistut brach
sich mit seinem Schwerte hinter den Tapeten
und Schildereien ein Loch durch die Wand, und
ließ sich an einem Seile bey finsterer Nacht
herab. Unten wartete Alf mit zwey Pferden,
Ordensmantel und Kreuz, und zog den Fürsten
über die Graben-Mauer. Der Thorwächter war
verschworen, und beide entkamen glücklich in ihrer Maske als Ordensritter aus der Stadt. Eine
Wache hatte das Getümmel vernommen und
meldete es dem Schloßhauptmann. Ahndungs-
voll eilte dieser in das Gefängniß. Da lag der
Wachhabende Ritter ermordet. Reisige saßen
auf, um den Flüchtling zu verfolgen. Aber der
Vorsprung und das heilige Kleid schützten den
Helden. Alf, der die Wege kannte, vorauf,
Keistut hinten drein. Sie ritten und ritten
ohne auszuruhen, bis in das Gebiet des Her-
zogs Janus von Masuren, der Keistuts
Schwiegersohn (nach Andern sein Schwager)
war, die Flüchtlinge freundlich aufnahm und ihnen sicheres Geleit nach Litthauen gab. „Trau
Einer einen Helden, sagte der Hochmeister
als er die Flucht erfuhr, hätte ich den Vo-

gel wieder, ich wollte ihn in ein eiser-
nes Bauer sperren."

1361 Kaum war Keiſtut in Litthauen angekom-
men, da machte er ſchon wieder neue Anſchläge
auf das Ordensgebiet. Dieſes Mahl ſollte die
Stadt Danzig die Schmach ſeiner Gefangen-
ſchaft entgelten. Der Hochmeiſter hatte den
Ruſſen auf ihr Anſuchen ſicheres Geleit für ihre
Perſonen und Waaren zur Beſuchung des Do-
minikmarktes in Danzig geſtattet. Keiſtuten
ſchien dieß eine herrliche Gelegenheit die Stadt
zu überfallen. Er ſchickte vertraute Kundſchafter
nach Rußland, und ließ die daſigen Kaufleute
für ſein Intereſſe gewinnen. Kriegeriſche Mannſchaft wurde aus Litthauen heimlich nach Maſu-
ren gebracht und bis zu dem entſcheidenden Au-
genblicke im Lande vertheilt. Die Ruſſen ſollten
nach Keiſtuts Plan in Danzig Händel ſuchen,
die Waffen ergreifen und die Einwohner nieder-
hauen. Er ſelbſt wollte dann mit ſeinen Litthauern die Stadt überfallen. Die Sache war
planmäßig angelegt, aber ſie gelang nicht. Achthundert Ruſſen kamen mit einer ungewöhnlichen
Menge Waaren zum Markte, und mit Geweh-
ren, womit ſie doch ſonſt nicht zu handeln pfleg-

ten. Dieß erregte bey der vorsichtigen Obrigkeit
gleich Verdacht und auf jeden Fall wurden ernst-
liche Maaßregeln genommen. Da traf sichs,
daß zwey Russen in einer Bierschenke wegen
Streites eingezogen wurden, die man dann auch
über jenes befragte. Sie entdeckten ohne viel
Weigern Keistuts schrecklichen Anschlag vor
Gericht und in der Freiheit. Der Bürgermeister
gleich in den Harnisch, der Sekretär an die
Sturmglocke. Die Thore wurden gesperrt, die
Bürger in die Waffen gemahnt, und der Rath
zerstreuete sich unter die Haufen, die Gemüther
zu bereiten. Da entbrannte Alt und Jung vor
Rache, und schlugen die Russen todt. Nur Wenige fanden ihr Heil auf der Flucht, die Keistuten Nachricht von der Entdeckung brachten,
der sogleich mit seiner Mannschaft nach Massu-
ren schiffte. *)

Spät im November erschien er wieder vor
der Festung Johannsburg und versprach seiner Mannschaft alle Beute, wenn sie den Ort
erobern würde. Vinzenz erzählt, daß die

C 2

---

*) D. Gralath's Versuch einer Geschichte Dan-
zigs. Königsb. 1789. I. 83. f. Schütz, p. 169.

Mannschaft von Keistuts Armee in Bärenhäute
gehüllt gewesen sey, und ihren Pferden um die
Hufen verfaultes Stroh gebunden hätte, daß
sie auf dem Eise nicht ausgleiten sollten. Bey
dem Sturme der Festung, die sich am siebenten
Tage an den Belagerer ergeben mußte, hätten
die Stürmer mit Fußhaken die Mauern erklet-
tert und die Besatzung von oben herab in Spieße
geworfen. Auch kommt so etwas wie von Schlitt-
schuhen vor *) und von Hunden, mit denen sie
in kleinen Wagen über den Schnee fuhren. Der
Ritter Rixleben, der die Besatzung anführte,
wurde gefangen und dem Hochmeister für seine
Freiheit eine ungeheure Summe neuen Geldes
abgefordert, widrigenfalls er umgebracht werden
sollte. Kniprode trat deswegen mit Keistuten in Unterhandlung, aber Friedrich war
seit der Zeit aus dem Kerker entwischt, und auf
der Flucht von vier litthauischen Bauern er-
schlagen.

1361   Im folgenden Jahre wurde der Feldzug
früher als gewöhnlich eröffnet. Kniprode

---

*) Incredibili celeritate pedibus ferreatis super
glaciem cucurerunt. Vine. Chron. p. 87.

schickte den Großkomtur Wolfram von Baldenheim mit dem Heere voran; er selbst folgte
mit Schindekopf nach. Baldenheim zog
vor die Festung Kauen, und machte in drei Tagen das Land zur Wüste. Indessen hatte sich
Keistut mit fünfzigtausend Mann von seinem
Lager erhoben, um die Festung zu entsetzen.
Da kam ihm Schindekopf *) mit dem Or-
densheere entgegen und lieferte ihm eine Schlacht.
Es war in der nämlichen Ebene, die durch das
Blut des zweiten Aprils im vorigen Jahre bezeichnet war. Zwei Tage fochten beide Heere in
kleinen Scharmützeln mit gewohnter Tapferkeit,
da erschienen am dritten Kniprode und Baldenheim mit der Belagerungs-Armee, und
das Glück lenkte sich auf Schindekopfs Seite.
Keistut wurde gänzlich aufs Haupt geschlagen
und floh bis tief in Litthauen, wo er wieder
frische Truppen sammelte und zum Entsatze der
Festung zurückkam. Baldenheim machte nun
alle Anstalten zu einer förmlichen Belagerung;
Schindekopf durchstreifte das Land und trieb
die Bauern zur Arbeit an den Verschanzungen

---

*) Schütz nennt Baldenheim.

zusammen. Jener soll dem Hochmeister einen neuen Plan zur Belagerung vorgelegt haben, der mit vielem Lobe aufgenommen wurde. Er bestand darin, daß Verschanzunden gegen einen allenfallsigen Entsatz angelegt wurden. Jene bestanden in einer Art Laufgraben und Thürmen von Holz mit Erde und Reisig ausgefüllt, die vor dem Ausfalle schützten, und in großen Sandbergen, hinter denen die Armee ihre Quartiere hatte. Sie wurden vom Fußvolke und die Außenwerke von der Reiterei vertheidigt. Baldenheim soll diese Belagerungsart in Baiern gelernt haben, wo ihn der Hochmeister hingeschickt hatte, um bei dem Herzoge Hilfstruppen auszuwirken.

In den Tagen der Belagerung war Keistut wieder aus Litthauen da, aber dieß Mahl getraute er sich nicht, die Belagerer anzugreifen, weil er zu schwach war. *) Und dennoch suchte er allerlei Mittel hervor, die Festung zu retten, an der ihm Alles gelegen seyn mußte, als an dem haltbarsten Orte seines Landes, in dem noch

---

*) Schütz sagt, er habe noch zwei Mahl so viel gehabt.

über das sein Sohn Waidat eingeschlossen war,
um den ihm nicht ohne Ursache bangte. Er ließ
dem Hochmeister durch einen Herold um eine
Unterredung ersuchen, und als ihm diese gestat=
tet und Friede dazu ausgerufen war, kam er
mit einem seiner vertrauesten Officiers an die
Verschanzungen, wo ihn Kniprode unter einem
prächtigen Zelte empfing und freundschaftlich be=
wirtete. Keistut hielt um einen Waffenstillstand
an, den schlug ihm der Hochmeister ab, und sie
kamen auf die Verschanzungen zu sprechen.
Keistut meinte, sie wären blos darum angelegt,
um die Festung desto sicherer zu erobern und ihn
selbst darin zu fangen. Seht aber, Herr,
ich bin frei und werde frei bleiben oder
sterben, und wenn ich in der Festung
wäre, so würde euch all das Werk nichts
nutzen. Es gilt, entgegnete Kniprode, nehmt
eure Leute zusammen, ziehet hinein und
ich bewirthe euch zum dritten Mahle in
Marienburg. *) So weit Vinzenz. Wi=

---

*) Dieß scheint dahin zu zielen, als ob Keistut
zwei Mahl' gefangen gewesen sey, wovon auch die
hartknochschen Sammlungen sprechen. S. 424.

gand von Marburg, bei Schütz setzt hinzu,
Keistut habe geglaubt, Kniprode trotzte auf
seine Verschanzungen, und dieser habe sich erbo-
ten, sie niederzureissen und die Festung dennoch
zu erobern. Dieß ist aber nicht wahrscheinlich,
sondern scheint bloß eine Erfindung des stolzen
Ordenspriester gewesen zu seyn, denn warum
sollte Keistut das Anerbieten nicht haben annehmen wollen, da es einigen Schein mehr gab,
die Festung zu retten. Kaum war Keistut fort,
da ließ Kniprode die Festung mit fürchterlichen
Drohungen auffodern. Waldat, der immer
noch auf Entsatz hoffte, schlug die Uebergabe ab.
Da ließ Kniprode am dritten Tage zum Sturme blasen. Kauen ward erobert und geschleift,
all' die Besatzung, an dreitausend Mann, niedergemacht, *) und Waldat und 36 edle Litthauer gefangen. Diese Belagerung dauerte fünf
Wochen. Am Palmsonntage war vergebens gestürmt worden. Oster-Montags fiel die Festung.
Ueber achthundert Belagerer kostete sie. Vier-

---

*) Man ist nicht einig, ob die ganze Besatzung
niedergemacht worden sey. Vergl. Schütz, teutsche
Ausg. Bl. 74 — 78.

hundert waren durch eigene Unvorsichtigkeit bei dem Sturze zweier Thürme an der Memel-Seite umgekommen. Burkard Mansfeld fiel am Thore unter dem Brande eines Hauses. Er hatte mit seinem Haufen von der Nera-Seite gestürmt.

Diese Belagerung gehört nach dem Zeugnisse aller Chronikenschreiber unter die Großthaten der Ritter. Wir finden dabei die Kriegskunst schon sehr verfeinert, verfeinerter, als sie in damahliger Zeit in Europa zu seyn pflegte, wo sie überhaupt noch in unbehilflicher Kindheit lag. Knipprode hielt dabey ordentlichen Kriegsrath, und studierte mit seinen Generalen den Plan der Belagerung, die nicht allein auf Stärke des Heeres und Muth der Soldaten berechnet war, sondern auch auf Kunst und wahrscheinliches Wirken neuer Anlagen. Knipprode soll selbst dazu neue Sturmböcke angegeben haben, denen man hauptsächlich die sichere Eroberung verdankte, ein Beweis, wie er mehr durch Kunst, als blinde Herzhaftigkeit siegte.

Als Keistut seine festeste Burg in Asche verwandelt sah, wollte er am künftigen Glücke verzweifeln, aber sein Bruder Olgard rächte

den Fall der Festung noch auf dem siegreichen
Heimzuge des Hochmeisters durch unvermutetes
Nachsetzen, und erschlug fünfhundert Mann, in
einem litthauischen Dorfe, wo sie sich vom Haupt-
zuge getrennt hatten. Der Anführer von Schin-
ken warf sich in dem Gewirre auf sein Roß und
entkam glücklich dem Tode mit zwei Officiers
von der Kreuzarmee.

1363 Aus Teutschland kam Nachricht, daß zwei
Fürsten aus Baiern, Ruprecht und Wolf-
gang mit auserlesener Mannschaft im Anzuge
wären, dem Orden beizustehen. Kniprode
schickte ihnen seinen Marschall sechs Tagreisen
entgegen und ließ sie bewillkommen. Herzog
Ruprecht galt für einen der wackersten Helden
seiner Zeit. Die Chronikenschreiber haben ihn
den Makabäer genannt. Der Hochmeister vereinigte sein Heer mit ihnen und ging im Junius
nach Litthauen in die Landschaften Witow,
Eroglen, Parnrey, Labuno und Zeyme.
Doch dieß Mahl kam ihnen kein feindliches
Heer entgegen, und sie verwüsteten das Land
nach Kreuzfahrer-Art. Da stieß der Komtur von
Osterode, dessen Volk von Beutelust tief ins
Land getrieben wurde, auf ein befestigtes lit-

thauisches Lager und zog sich in Unordnung mit
einigem Verluste zurück, um sich mit dem Haupt-
heere zu vereinigen. Kniprode, da er hinläng-
liche Erkundigungen eingezogen hatte, marschirte
unter Begünstigung der Nacht mit seiner ganzen
Macht dahin und war mit Anbruch des Tages
vor dem Lager. Die Litthauer wurden von den
Baiern angefallen; das Ordensheer machte das
zweite Treffen. Das Lager ward zur Beute und
das Land zur Einöde. Keistut bekam eine
Wunde am Fuß, lag an der Erde, und kämpfte
gegen den eindringenden Komtur von Königsberg, Ritter Frohburg. Da kamen ihm Speer-
reiter zu Hilfe, legten ihn auf ein Roß und
eilten davon. Nach solchen Siegen zogen die
Christen heim, denn das Land versagte ihnen
Unterhalt und Wohnung zur Dauer über den
Winter. Die Baiern blieben zuletzt und streiften mit beiderseitiger Erschöpfung und Abmat-
tung. Sonst weiß man nichts von ihnen. Die
baierschen Annaisten thun dieses Zuges keine
Erwähnung und die Ordensschriftsteller sind zu
eifersüchtig, als fremden Thaten Gerechtigkeit
angedeihen zu lassen.

Heim rüstete der Hochmeister leichte Reite-

rei zum neuen Feldzuge, mit der er dem frem=
den Fußvolke zu Hilfe kommen wollte. Er scheint
diese Truppen erst von den Litthauern kennen
gelernt zu haben, die damit Wunder der Tapfer=
keit thaten. Darum wurden auch meist nur ge=
taufte Litthauer dazu geworben, die man mit
großen Versprechungen künftigen Glückes gegen
ihr verwandtes Volk bewaffnete. Die Pferde für
diese leichte Reiterei *) kamen aus Polen. Der
Reiter saß nicht im Sattel, sondern auf einer
leichten Strohdecke ohne Bügel und Harnisch,
mit Klinge und Speer. Teutsche Ritter ent=
schlossen sich nicht leicht zu diesem Dienste, wahr=
scheinlich aus alter Anhänglichkeit und Vorliebe
zu ihrer eisernen Rüstung, mit der sie für die
kleinen Pferde zu schwer waren.

1364   Das folgende Jahr war wie gewöhnlich mit

---

*) Welche Miliz im höchsten Alterthum auf den
asiatischen Gefilden entsprungen und in Europa auf
beiden Seiten des Berges Krapak vortreflich ist, weil
sie unversehens zugleich aller Orten ist, in Flucht
fließt, und im Fliehen siegt, unaufhaltbar durch,
Ströme, durch Mangel unbezwingbar, unüberwind=
lich, wenn sie nicht still steht. Müller a. a. O.
I. 352.

Blute bezeichnet. Kniprode streifte in das Gebiet von Werlow, Stelten, Kalanten,
Pastow, Gesow und Surnim, und baute
die Festung Wartburg wieder auf, aber an
einem andern Orte, als wo sie vorhin gestanden
hatte. Keistut legte dagegen eine neue Festung
an, und nannte sie Neuen-Kauen. Aber der
Vortrab der Ordensarmee erschien während der
Arbeit in der Gegend, und Keistut mußte sich
durch Verschanzungen decken, die aber zerstört
wurden. Kniprode wandt sich gegen Pisten
und machte die Stadt zum Steinhaufen. Schindekopf eroberte Wielun, nahm den Komman-
dant Gastud gefangen und schickte ihn zum
Hochmeister. Die Bedeckung, warum weiß man
nicht, erschlug Gastuden und seine Kriegsgesellen gegen Schindekopfs Willen. Der Marschall gerieth darüber in schrecklichen Zorn und
verlangte vom Hochmeister die Bestrafung der
Thäter. Aber dieser unterließ sie, weil er bei
dem Heere einen Aufstand zu erregen befürchtete,
wie Baczko vermuthet. Schindekopf soll
gedroht haben, sein Kommando niederzulegen,
wenn diese That, zum Nachtheile der Militär-
diszplin, auf die er Alles hielt, unbestraft ge-

laſſen würde. Kniprode ſuchte ihn durch linde
Vorſtellungen zu beſänftigen und ſchickte zwei
Prieſter des Ordens in ſein Lager. Von ihren
Lippen floß Kniprodens Geiſt, denn er hatte
ſie ſelbſt unterrichtet, und wenn Alles wahr iſt,
was ihnen Vinzenz in den Mund legt, ſo er-
ſcheint hier der Hochmeiſter mitten auf dem blutigen Schlachtfelde als der edelſte Menſchenfreund,
her ein Menſchenleben zu retten ſuchte, wo es
ohne Noth geſchehen konnte; der den Tod auf
dem Bette der Ehre für höchſterhabene Tugend,
den Tod der Strafe aber für das größte Uebel
hielt. „Glaubt es mir, ſagte er ein Paar Tage
darauf ſelbſt zu Schindekopf, glaubt es mir
Marſchall, ich habe dieſen Krieg nicht aus eit-
ler Ruhmſucht unternommen, oder aus Begierde
das Gebiet des Ordens mit dem Lande des tapfern Volkes zu mehren. Die Verwüſtungen des
barbariſchen Volkes in dem Lande meiner
Unterthanen, das Beſtreben des heidniſchen Für-
ſten die Säule des Chriſtenthums durch ſeine
Ueberfälle beben zu machen, die Vertheidigung
und Verbreitung des chriſtlichen Glaubens müſſen uns die Waffen in die Hand geben. Wer
dabey nicht bedenkt, daß auch ſelbſt der Heide

Menſch ſey und wie ein wildes Thier gegen ſein eigenes Geſchlecht aus Blutgier wüten kann, o den ehrt das heilige Kreuz nicht, dem muß es wie ein glühend Eiſen tief, tief in die Seele brennen. Unſer ehrwürdiger Stifter hat uns nicht allein die Pflege der Chriſten, ſondern auch die liebevolle Aufnahme bedauernswürdiger Heiden zur Pflicht gemacht. Wer dagegen handelt, der findet ſchon im Leben Strafe genug in ſeinem eigenen Gewiſſen, was bedarf es da noch des Richtſchwertes, um ſeiner zeitlichen Strafe ein Ende zu machen? Ihr Marſchall, und ihr Alle, bei denen in dieſen Tagen die Ehre des Ordens und der Chriſtenheit geſtanden hat und noch in der Zukunft ſtehen wird, ſetzt dieß nie aus den Augen, damit ich nicht einſt für euch ſtrengere Rechenſchaft geben muß." *)

Der Feldzug ward dieſes Mahl mit der Wiedereroberung der Feſtung Johannsburg beſchloſſen. Schindekopf nahm ſie am dritten Tage der Belagerung ein. Die Beſatzung ergab ſich auf Kapitulation, und ward im Lande vertheilt, der Anführer aber gefangen nach Marien-

*) Vincent. Chron. p. 129.

burg gebracht. Die Außenwerke, die seit Keis
stuts Eroberung im letzten Winter noch zum
Theil im Schutte lagen, ließ der Komtur von
Königsberg wieder aufbauen, und zwei Thürme
an der Nordseite errichten mit einem tiefen von
unten auf ausgemauerten Graben.

1365   Keistut kam darauf mit dreizehntausend
Mann nach Angerburg und zerstörte es, und
verwüstete die Gegend. Vorzüglich empfand dieses Mahl Schalawonien die Macht seines sie-
genden Schwertes. Alles was ihm entgegen kam,
wurde niedergemacht. Achthundert Einwohner
verließen wieder den christlichen Glauben und er-
soffen im Heidenthume. Keistut lohnte ihnen
dafür und verschonte ihre Wohnungen mit Raub
und Brand. Aber der dritte Mann mußte zu
seinem Heere schwören und sich gegen den Orden bewaffnen. Er versprach ihnen, sie blos als
Föderirte zu behandeln und ihnen einen eigenen
Fürsten zu geben, wenn das Glück seine Waffen segnen würde und er sich in dem Ordensgebiete befestigen könnte. Aber dieser Triumf
ward ihm durch die Untreue seiner 2 Söhne ver-
bittert, die nach Preussen entwichen und sich
dem Hochmeister in die Arme warfen. Unter
präch-

prächtigen Feierlichkeiten nahmen sie zu Marienburg die Taufe. Ein Bischof verrichtete sie, und
Kniprode stand dazu als Pathe. Darauf wurden sie in einer Prozession durch die Stadt geführt und dem Volke gezeigt, das ihnen freu-
dig entgegen jauchzte, und den Herrn lobpreiste
für die Verbreitung des allein selig machenden
Glaubens. Wahrscheinlich war eine Entzweiung
der Söhne und des Vaters die Ursache dieser Entweichung, und nicht die Ueberzeugung
von der Vortreflichkeit des christlichen Glaubens.
Kniprode schien dieß auch selbst zu fühlen, denn
er schlug ihnen den Ritterorden ab, in den sie
aufgenommen seyn wollten, und vertraute ihnen
keine Stelle unter seinem Heere. Vorher wollte
er die Reinheit ihrer Absichten und ihre Treue
prüfen. Da sie aber davon keine Beweise gaben,
so blieben sie zu Marienburg unter der Aufsicht
eines Ordenspriesters, der sie im christlichen Glauben unterrichtete. Nachher gingen sie mit einem
Komtur nach Baiern. Wenn man ihre Bekehrung genauer betrachtet, so wird es nicht unwahrscheinlich, daß sie sich an ihrem Vater zu
rächen suchten, und durch die Verbindung mit
dem Orden sich dereinst Anhang in Litthauen,

D

wohl gar den Thron verschaffen wollten. Wenn
man dem Hofkaplan Vinzenz glauben darf, so
hat Keiſtut ihre Auslieferung von dem Hochmeiſter verlangt, und durch eine eigene Geſand-
ſchaft zu Marienburg Vorſtellungen thun laſſen.
Aber die Geſandten mußten, ohne ihren Zweck
zu erreichen, wieder abreiſen, und ihrem Herrn
die kühne Antwort bringen, daß er kommen ſollte,
ſeine Söhne ſelbſt zu fordern, er würde ſie an
der Spitze des Ordensheeres finden, mit den
Waffen in der Hand. Keiſtut erſchien auch
wirklich darauf in der Gegend von Angerburg
und trieb viele Gefangene weg. Seine Soldaten verwüſteten die Kirchen und tranken aus den
heiligen Gefäßen preußiſchen Wein und ſchleiften
das Bild des Gekreuzigten an den Schweifen
ihre Pferde nach. Die Ordensprieſter prophe-
zeiten ihnen dafür Unglück und Niederlagen.
Aber dieſes Mahl blieben ihre Worte eitle Pro-
phezeihungen, denn Keiſtut eroberte bald darauf
die Feſtung Johannsburg, die von dem Komtur Otto mit dem hölzernen Beine vertheidigt
wurde. Keiſtut erſchien Nachts ganz unver-
muthet mit dem Kern ſeiner Mannſchaft vor
den Thoren, hob die Wachen auf, und kam ohne

Schwertblös auf den Platz mit Fackeln, und
war nach einem kleinen Gefechte Meister der
Burg. Der Komtur lag noch im tiefsten Schlafe,
da wurde er von dem Waffengetöse in finsterer
Nacht aufgeschreckt. Eilig band er sich sein Bein
unter, und hinkte auf den Burgplatz. Da standen ihm seine Kampfgesellen gebunden entgegen,
und die Helden berathschlagten, ob sie nieder-ge-
hauen oder gefangen weggeführt werden sollten.
Da bot Otto den Blutdürstigen sein Leben für
die Brüder an, riß den Panzer auf und zeigte
Keistuten seine behaarte Brust. Dieser Edel-
muth rührte das Felsenherz des Fürsten. Er gab
dem Ritter mit noch vier Gefährten sicheres Geleit bis zu den Seinigen, und führte die Uebri-
gen als Gefangene davon.

Kniprode suchte in dem nächsten Feldzuge ı366
die Festung dem Feinde wieder wegzunehmen.
Das Heer wurde in zwei Kolonnen getheilt.
Er selbst ging mit der einen tief in Litthauen,
in Gegenden, die noch keinen Feind gesehen hatten. Er wollte dadurch Keistuts Hauptmacht
von Johannsburg abziehen, und amusiren,
während der Marschall mit der zweiten Kolonne
das Schloß überfallen und wegnehmen sollte.

Aber Keiſtut ließ den Hochmeiſter plündern und Beute machen, denn er hatte durch ſeine Kundſchafter die Anrückung des Marſchalls gegen die Feſtung vernommen. Mit ſeiner beſten Mannſchaft erwartete er ihn auf der Anhöhe eines Berges und lieferte ihm ein blutiges Treffen. Schindekopfs ganze Kolonne wurde theils niedergehauen, theils zerſtreut. Er ſelbſt floh mit weniger Mannſchaft in Verzweiflung, da er das Treffen verloren ſah. Keiſtut ſetzte ihm nach, mähte Feinde wie Gras, und trennte den Marſchall von ſeinem Häuschen, der in einem Walde verirrte und erſt am ſechſten Tage in Räubertracht bei dem Hochmeiſter anlangte. Drei und zwanzig Mann unter dem Komtur von Ragnit, der Reſt der ganzen Kolonne, kamen noch nach. Fünfzig Reuter an der Zahl ſtießen ſie auf den litthauiſchen Feldherrn Busko mit 400 Mann, und wurden zur Uebergabe aufgefordert. Da ſprach der Komtur ſeinem Häuschen Muth ein und ſtürzte auf den Feind, um Sieg zu finden, oder ewig ruhmvollen Tod. Und die Herzhaftigkeit ward herrlich gekrönt. Da lag das Feld bedeckt mit 250 Litthauern, die übrigen flohen davon in vollem Laufe. Sieben

und zwanzig Ritter starben den Heldentod, alle
hatten ruhmwürdige Wunden. Nach dieser kühnen That streifte das Hauptheer noch kurze Zeit
in Feindes Land, zerstörte einige Burgen und
kehrte dann mit Beute und Ruhm beladen nach
Hause.

Schon im März des folgenden Jahrs stand 1367
Schindekopf mit seiner Kolonne vor Neu-
Kauen, eroberte und zerstörte es. Darauf ging
er vor Streba und that eben so. Auch der
Hochmeister war mit einer Kolonne ausgezogen
und hatte einige glückliche Scharmützel. Aber
die Geschichte dieses Feldzuges, so wie des folgenden liegt in tiefem Dunkel. Wechselseitiges
Glück und Unglück hatten beide Theile, wie gewöhnlich in diesem Kriege, durch den bis jetzt
noch nichts entschieden war, als der Tod viel
tausend Streiter von beiden Seiten.

Jenseits der Memel liegt von einem Thale
und einer kleinen Ebene begränzt, ein mächtiger
Fels, den Rittern und den Litthauern zur Ge-
winnung des Passes auf der Memel sehr bequem.
Da wollten sich beide einen festen Platz zum Ma-1368
gazine des Proviantes für ihre Armee bauen.
Keistut hatte schon im Sommer Anstalten dazu

gemacht, und die Materialien zum Baue dahin
bringen laſſen. Aber im folgenden Frühlinge
1369 landete der Hochmeiſter mit ſeinen Rittern, be-
mächtigte ſich der Materialien, und der Leute,
die ſchon mit dem Baue angefangen hatten, und
ließ ihn für den Orden fortführen. Schindekopf
deckte die Arbeit mit ſiebentauſend Mann, und
nannte die Burg auf Befehl des Hochmeiſters
Gotteswerder. Im September war der Bau
vollendet, und Schindekopf machte ſich zu
einer Streiferei tief in Litthauen auf und warf
eine kleine Beſatzung in die Burg. Da kam
Keiſtut mit all' ſeiner Macht und ſetzte ſich
darin feſt. Als der Marſchall zum Entſatze her-
bei eilte, war Keiſtut ſchon verſchanzt. Aber
nach fünf Tagen mußte er wieder abziehen und
dem Ueberwinder die Gefangenen überlaſſen. Von
da ging Schindekopf vor die litthauiſche Feſtung
Bäterey und foderte ſie zur Uebergabe auf.
Aber die Beſatzung ließ ihm eine trotzige Antwort geben, und war entſchloſſen, ſich bis auf
den letzten Mann zu vertheidigen, und unter
dem Schutte der Burg begraben zu laſſen. Keiſtut hatte unterdeſſen friſche Truppen an ſich ge-
zogen, und ließ dem Marſchall wiſſen, daß er

ihn nächstens mit seinem Belagerungskorps vor
der Festung aufheben würde. Da ließ Schindekopf zum Sturme blasen. Aber die Bela-
gerten schlugen ihn zwei Mahl ab, und wurden
beim dritten Mahle bezwungen. Alles, was
Waffen tragen konnte, ließ der erzürnte Sieger
niedersäbeln, die Weiber wurden zu Gefangenen
gemacht. Darauf ward eine Zusammenkunft zur
Auswechselung der Gefangenen zu Königsberg
veranstaltet. Keistut kam persönlich dahin, und
ward von dem Marschall fürstlich bewirthet, und
nebst seinem Gefolge mit Feierlichkeiten nach damaliger Art unterhalten. Vierzehn Komture und
sechs und neunzig Ritter nebst einer großen Anzahl Gemeiner wurden gegen diejenigen ausge-
wechselt, die noch nicht die Taufe genommen hatten
und wieder zurückkehren wollten. Keistut un-
terhandelte auch wegen seiner Söhne, aber ihre
Auslieferung schlug ihm Schindekopf ab und
entschuldigte sich damit, daß sie nicht mehr im
Lande wären. Schütz erzählt, daß Keistut
bei dieser Gelegenheit erklärt habe, dem Hochmeister im folgenden Jahre einen Besuch in
Preußen zu machen, worauf der Marschall ant-
wortete, daß man gehörig für seinen Empfang

Sorge tragen würde. Als Keistut heim zog, begleitete ihn der Marschall mit tausend Kriegern bis an die Gränze. Aber nach dem Tage des Abschiedes fing Schindekopf schon wieder zu verwüsten an, und trieb den litthauischen Bauern Pferde und Rinder weg. Keistut ging darauf nach Rußland und warb neue Truppen für sein Heer, 24000 wüster Mannschaft an der Zahl, aus allen Gegenden der nordischen Reiche. Sein Bruder Olgard war unterdessen in Polen, um den König auch zu einem Zuge gegen den Orden zu bereden. Seine Bemühungen blieben aber fruchtlos, so viele Ursachen der König auch gehabt hätte, sich mit dem Litthauern gegen die Macht des Ordens zu vereinigen. Doch brachte Keistut eine fürchterliche Armee zusammen, die Anfangs in zwei Abtheilungen, unter seinen und seines Bruders Befehlen nach Preußen rückte.

1370   Im May kam Keistut mit seiner Kolonne vor Ortelsburg. Die Burg mußte sich nach einer siebentägigen Belagerung ergeben. Die Besatzung wurde nach Litthauen geschickt und an die Russen verkauft. Darauf vereinigte sich Keistut mit Olgards Kolonne bei Königsberg am Fluſſe Rubau. Eine Macht von ſiebenzig tauſend Mann, das ſtärkſte Heer, das bis jetzt noch von den Litthauern zuſammen getrieben war. Kniprode verſammelte ſeine ganze Macht in den Gefilden vor Pillau. Darauf berief er alle Ritter um ſich und hielt eine Rede, wobei ihm die Thränen in den Augen ſtanden, denn das Glück des ganzen Ordens ſchien an der Entſcheidung dieſes Tages zu ſchweben. Die Ritter entglühten von hohem Muth und ſchwuren ſich einander den Bund des Todes, und brandmarkten den mit ewiger Schande, der fliehen würde. Darauf beteten die Prieſter und ſegneten das Heer. Alles lag auf den Knieen mit entblöſtem Haupte und betete zum Himmel in glühenden Reden. Dann gingen ſie dem Feinde neu geſtärkt entgegen. Das Ordensheer war vierzigtauſend Mann ſtark, darunter achtzehnhundert Ritter, theils Ordensprieſter, theils aus Teutſchland und Frankreich, lauter Krieger in Schlachten geübt und durch Siege kühn gemacht. Der Hochmeiſter that ſelbſt den Angriff, und ward an dem rechten Arme verwundet und aus der Schlacht gebracht. *) Da ſtutzte das Heer, aber

---

*) Brachio dextro in parte superiore vulnera-

Schindekopf setzte sich an die Spitze und führte an. Er hatte bereits zwei Haufen dem Tode in den Rachen geführt, da schien sich der Sieg auf die Seite der Litthauer zu lenken. Entzürnt warf sich Schindekopf den Fliehenden entgegen und wütete gegen seine eigenen Leute. Die Ritter versammelten wieder jeder seinen Haufen und führten sie gegen den Feind. So ward das Schicksal des Tages beim dritten Angriffe entschieden. Die Litthauer kamen in Unordnung und flohen davon. Schindekopf mit einem Haufen hinten her und verfolgte acht Stunden den Feind. Aber er empfing eine tödtliche Wunde, *) und starb am andern Tage zu Königsberg. Die vornehmsten Ritter waren um den Sterbenden versammelt und Kniprobe drückte ihm die Augen zu. Er starb, wie Helden zu sterben pflegen, ohne Furcht vor dem herannahenden Tode, und sprach selbst den Traurigen

---

tum reduximus, timentes invenire cum inter gladios hostiles lethum infelicem. Vincent. Chron. p. 193.

*) Sed proh Marschalcus tunc corruit ut leo vivus. Düsburg. p. 42C.

Muth ein, die um sein Lager weinten. Der Orden verlor an ihm den größten Helden, den er bis dahin gehabt hatte. Aber auch in der Folge blieb Schindekopf unerreicht. Ein neuerer Schriftsteller hat ihn dem Herzog Wallenstein verglichen, mit dem er aber in Rücksicht seines Characters gewiß nicht gleich gestellt werden kann.

Nach der Schlacht wurde Stillstand ausgerufen, um die Todten zu beerdigen. Da fanden sich auf dem Schlachtfelde unter den Erschlagenen allein zweihundert Ritter und sechs und zwanzig Komture, darunter der Großkomtur Kuno von Hattenstein. Die Litthauer hatten eilftausend Mann auf dem Platze gelassen, noch mehrere kamen wie gewöhnlich, auf der Flucht um. Dieß war der blutigste Tag im ganzen Kriege, aber die Litthauer waren nach ihm nichts weniger als bezwungen. Keistut schien dem Kopfe der Hyder zu gleichen, die immer eine größere Anzahl Köpfe ansetzte, je mehrere ihr abgeschlagen wurden. Er versammelte tiefer im Lande den traurigen Rest seiner geschlagenen Armee wieder und fiel noch im nämlichen Sommer in das Land Gogelanken und zer-

störte das Schloß gleichen Namens. Der Komtur von Ragnit fiel dagegen mit einem neuen
Heere, das aus Teutschland, größtentheils vom
Rhein und aus Schwaben, dem Orden zu Hilfe
gekommen war, in Samogizien. Der Einfall
war fürchterlich. Die Kreuzfahrer schonten kei-
nes Menschen, denn die Feinde waren Helden,
deren Marter nach den Begriffen damaliger Zeit
dem Himmel gefiel.

Keistut ließ noch in dem nämlichen Jahre
dem Hochmeister einen Waffenstillstand anbieten.
Man muß es seiner schonenden Menschlichkeit
zuschreiben, daß er ihn dieß Mahl annahm.
Sein Heer hatte freilich manchen ungeheuern
Verlust erlitten, der schwer wieder zu ersetzen
war, schwerer als er es bey dem Feinde je seyn
konnte. Aber dagegen waren jetzt neue Hilfsvölker da, die ohne Foderungen und Belohnungen
für den Orden stritten und nach der letzten
Hauptschlacht war wohl für jetzt wenigstens von
dem Feinde nichts Großes zu befürchten. Aber
Kniprode wünschte den Frieden gegen den Willen der Brüder, die Litthauen erobern und ihrem
Gebiete einverleiben wollten. Darum wurde für
jetzt ein Waffenstillstand auf vier Jahre vermit-

telt, während deſſen wechſelweiſe Alles dasjenige in
Beſitz gehalten werden ſollte, was beide Theile
erobert oder verloren hatten. Zur Sicherheit
wurden Geiſſel gegeben, von dem Orden zwölf
Ritter, und von den Litthauern zwölf ihrer vor-
nehmſten Landsleute. Zum Danke für den Still-
ſtand ließ Kniprode in allen Kirchen des Landes ein vierzigſtündiges Gebet ausſchreiben, das
Tag und Nacht dauerte, und ein feierliches te
Deum ſingen. Er ſelbſt erſchien mit den Rittern
in der Kirche zu Marienburg und betete eine
ganze Nacht.

Die Zeit des Stillſtandes verging unter ab-
wechſelnden Zurüſtungen und Friedensbemühun-
gen des Hochmeiſters. Aber von dieſen wollten
die unruhigen Ritter nichts hören, die zu Hauſe
bei keinem Weibe Beſchäftigung fanden und ihr
Leben dem Kriege zur Ehre Gottes und ſeiner
Kirche geweiht hatten, denn damahls büſte man
den Gebrauch des Verſtandes in Flammen. Die
Ritter trieben nichts anders, als Krieg und waren im Frieden meiſt unruhige Bürger, die ſich
nicht mehr mit der Krankenpflege nach einer
Hauptregel der Ordensgeſetze abgaben. Sie wurden von ihren Vätern in ruhigen Augenblicken

des Heldenlaufes gezeugt, und faßen schon zu
Pferde, ehe sie reden konnten. Bei ihrer Aufs
nahme in den Orden schwuren sie die Ausrottung der Heiden und waren nur glücklich in dieser Beschäftigung.

1375   Nach vier Jahren fing also der Kampf von
neuem an. Der Komtur von Ragnit, Gericke, eröffnete den Feldzug mit einem Einfalle
in Samogizien, schlug eine feindliche Kolonne
und machte große Beute an Gepäcke, Pferden
und Rindvieh. Als er heim zog, stieß er auf
einen feindlichen Verhack an einem Sumpfe,
der ihm den Rückweg versperren sollte. Die Litthauer fielen heraus und griffen an, wurden
aber in den Verhack zurück getrieben und wehr-
ten sich verzweifelt. Wegen des Sumpfes war
das Lager der Reiterei unzugänglich. Gericke
ließ darum die Ritter absitzen und Faschienen
mit Steinen beladen in den Sumpf werfen,
über die er mit seinen Leuten bis vor den Verhack drang und ihn nach einem hartnäckigen
Kampfe eroberte. Er büßte aber dabei selbst mit
zwölf Rittern das Leben ein. Zwei und funfzig
Mann fielen unter dem Schwerte der Litthauer

und gingen im Moraſt unter. Die übrigen ka=
men mit der Beute glücklich nach Preuſſen.

Nicht minder glücklich ſtreifte der Marſchall,
Gottfried von Lindau, ein tapferer Schwabe,
bis in die Gegenden von Wildau und Troke.
Er wurde aber auf ſeinem Rückzuge von einer
feindlichen Kolonne abgeſchnitten, und mußte
ſich fechtend mit den Seinigen den Weg öffnen,
aber ohne ſonderlichen Verluſt, denn der Feind
hatte keine feſte Stelle und focht im freien Felde,
und dann war er den Rittern ſelten gewachſen.

Glücklich für die Litthauer war das folgende¹³⁷⁶
Jahr. Die Chronikenſchreiber ſuchen zwar, wie
gewöhnlich, ihre Thaten zu verkleinern, aber
nach dem zu ſchlieſſen, was Vinzenz berichtet,
müſſen ſie Wunder der Tapferkeit gethan haben,
denn die Kolonne des Komturs von Lablau
wurde ganz von ihm aufgerieben und gefangen.
Der Komtur ſelbſt ward nach ſeiner Gefangen=
ſchaft von Alexandern, einem feindlichen Feld=
herrn, auf ſeinem Zuge mitgeführt und klagte
ſein Unglück dem Hochmeiſter in einem Schrei=
ben, das Alexander ſelbſt durch einen Herold
beſtellen ließ. „Wir ſind geſchlagen, heißt es
darin, und ich klage euch das Unglück aus dem

feindlichen Lager, in dem ich gefangen ſitze. Alle unſere tapfern Waffenbrüder liegen theils erſchla-gen auf dem Kampfplatze, theils theilen ſie ein Schickſal mit mir. Ich beweine ihren Tod nicht ſo ſehr, als das Unglück, jenen ſchrecklichen Tag überlebt zu haben." *)

Alexander belagerte nach dieſer Schlacht Soldau, und ein anderer Feldherr Neiden-burg, aber ſie mußten beide die Belagerung aufheben, weil Kniprode zum Entſatze erſchien, und darauf bis vor Kauen rückte, das aber von Keiſtuten entſetzt ward. Dieſer belagerte dar-auf Inſterburg und eroberte es. Ein auffal-lendes Beyſpiel damahliger Art Krieg zu führen, gab dieß Mahl Elwers, der Komtur von Balga, der während der Zeit, daß Keiſtut in dem Ordensgebiete ſtand, in Litthauen ein-fiel

---

*) Cæsi ſumus et profligati, magiſter guberna-tor. Scribo tibi inter lacrymas ex caſtris hoſti-libus, in quibus captus deteneor. Socii ſtrenui decumbunt in campo, partim ſunt capti mecum. Non ita deploro mortem eorum, quam fatum heu infelix, quo in die illo horribili cum cete-ris non mactatus ſum. Vincent. Chron. p. 145.

fiel und sogar kühn genug war, bis Klein Ka=
mieniec vorzurücken, und das Land zu verwü=
sten. Die Einwohner dieser Stadt kauften ihm
den Brand ihrer Häuser mit zweitausend ungerschen
Gulden ab.

Die folgenden Jahre bis zum Tode des Hoch=
meisters vergingen unter ewigen Streifereien nach
gewöhnlicher Art mit beiderseitiger Ermattung,
ohne daß viel ausgerichtet wurde. Doch scheint
der Orden in diesem unruhigen Treiben meist
die Oberhand über die Litthauer, aber ohne son=
derlichen Vortheil gehabt zu haben. Wenn auch
einige Komture kühne Streifereien thaten, so
büßten sie doch meist mit starkem Verluste ihr
Wagestück, und erhielten starke Wunden, die
einige Mahl noch glücklich durch teutsche Hilfe
geheilt wurden. Wilda, Memel und Ofte=
rode wurden erobert und wieder verloren. Seit
der Marschall Schindekopf gefallen war, schien
das Glück des Ordens, wenn nicht zu sinken,
doch stille zu stehen. Der Hochmeister führte
den Krieg ungern und zuletzt wider seinen Wil=
len, und unter den Komturen zeichnete sich jetzt
keiner besonders durch Großthaten aus. Die

E

herrlichsten Siege waren dem Orden nur von
geringem Nutzen, so lange er sich nicht im feindlichen Lande durch Festungen behaupten konnte,
und vorzüglich so lange Keistut seinem braven
Volke siegen lehrte. Er war zu groß für sein
Volk, und ging wie andere seines gleichen ohne
Nachfolger unter. Kein Chronikenschreiber hat
eine vollständige Kenntniß seiner Thaten auf die
Nachwelt gebracht, und so haben wir nur einen
kleinen Genuß seines Beispiels. Einige bei Vinzenz befindlichen Verse, die bei seiner Gefangenschaft zu Marienburg gemacht wurden, stellen
uns den Mann im körperlichen Bilde dar. Er
war sehr groß und schmächtig, hatte ein blasses
langes Gesicht mit tief im Kopfe liegenden kleinen feurigen Augen. Den Kopf trug er gewöhnlich außer dem Felde unbedeckt. Weniges Haar
saß darauf, aber sein grauer Bart floß in krau-
sen Wellen auf die Brust herab und machte sein
Ansehen mehr fürchterlich als ehrwürdig. Er
sprach nur wenig, aber wenn er sprach, so wußte
er seinen Worten Nachdruck und Kraft zu geben, besonders wenn er drohte. Dann schwol-
len die Adern der Stirne mächtig an, und die

Naslöcher öffneten sich, wie wenn der Löwe
schnaubt im Kampfe. *)

Seit 85 Jahren waren in diesem Kriege 177
Ordensritter, 15000 Edelleute und Bürger, 23000
Dienstleute und freiwillige Fremde, und 168000
Bauern, zusammen 206177 Mann theils um's
Leben gekommen, theils in die Gefangenschaft
geführt. Diese Berechnung ließ Knipro de noch
vor seinem Tode machen.

---

*) — — — velutque leonis;
Luctantem in pugna si vulnerat ense viator.
Vincent Chron. p. 66.

III.

Zustand des Landes unter Kniprodens Regierung.

———

Der teutsche Orden hatte sich ein unabänderliches politisches System vorgezeichnet, nach welchem er das Land regierte. Es war mit so wahrscheinlichen Hoffnungen eines guten Erfolges berechnet, daß es nur gewaltsame Revolutionen, oder wie es wirklich geschah, Entgegenarbeitung seiner eigenen Mitglieder scheitern machen konnte. Wenn Hildebrands hierarchisches System planmäßig berechnet war, so war es das System des Ordens noch mehr. Er betrachtete das Land so recht wie sein Eigenthum, als eine unumschränkte Monarchie, vielleicht noch als etwas mehr, denn es war eine Conquete. So schlichen sich gewisse Grundsätze und Maximen ein, nach de-

nen der Orden regierte. Dahin gehören vorzüglich die Anlegung teutscher Kolonien, die Unter-
drückung der Nation und ihres alten Heldengei-
stes durch teutsche Pflanzer und Beamten, die
Ausrottung der Religion und der Sprache des
Landes, und der Wunsch, hier ein neues Reich
für den Adel zu gründen.

Schon in dem Freiheitskampfe hatte eine
große Menge der wackersten Streiter ihren Un-
tergang gefunden, Preußen, Franzosen und
Teutsche. Nach diesem hartnäckigen Kriege schlugen die Ritter das brave Volk in Ketten, daß
nicht planmäßig genug um die Erhaltung seiner
Freiheit kämpfte, um unüberwunden zu bleiben.
Ein kleines Häuflein Ritter war freilich Anfangs
Waffen, auf denen Waldewuts fabelhafter
Segen ruhte, nicht gewachsen, aber der Orden
wand alle seine Kräfte auf, da mit Konraden
von Massovien der Vertrag gezeichnet war.
Was der Kriegsgott nicht konnte, thaten Pabst
und Indulgenzen und vorzüglich Kreuzfahrer, die
sich vor den heidnischen Festungen so häufig sam-
melten, wie vor den Mauern Jerusalems. Von
Vogelsang, Nassau, Thoren und Culm

fuhren die Ritter mit ihren Schaaren über das Land. Nach 53 blutigen Jahren war der Räuberzug geendigt, und das unglückliche Volk theils 1309 unterjocht, theils ausgerottet. Aber erst 1309 fing eine recht planmäßige Regierung des Landes an. Siegfried von Feuchtwangen verlegte die Centralregierung des Ordens von Venedig nach Marienburg und residirte selbst im Lande. Er gab 1310 das Gesetz, daß die Herrschaften ihr Gesinde anhalten sollten, nicht mehr preußisch zu reden und schloß alle Inländer von allen, auch kleinen und unterobrigkeitlichen Bedienungen aus. Kein Gottesdienst sollte in der Landessprache gehalten werden. Der Landmann besaß seine Felder freilich als Eigenthum, war aber in allen Dingen dem Ausspruche der Ritter unterworfen, die in den verschiedenen Städten mit ihren Beamten als Komture standen.

Als Kniprode die Hochmeisterwürde erhielt, fand er das Land in sehr mittelmäßigen Umständen. Die alten Wunden waren noch nicht geheilt und täglich wurden neue durch die Kreuzzüge geschlagen. Aber er hinterließ seinem unwürdigen Nachfolger ein schönes blühendes Land, und Kornspeicher, die durch den litthauischen Krieg nichts weniger als erschöpft waren, und zufriebene glückliche Unterthanen.

Es wird der Rede werth seyn, hier einen Auszug aus den sehr weitläufigen Nachrichten *) zu machen, die uns Winzenz mit recht ängst= licher Genauigkeit über den Weinbau in Preu= ßen unter Kniproden hinterlassen hat. Die andern Chronikenschreiber erwähnen ihn mit kei= ner Silbe. Nur Dusburg bei Hartknoch hat die trockene Nachricht, daß i. J. 1379 eine reichliche und frühzeitige Weinlese gewesen sey. Winzenz fängt seine Nachrichten mit einer Be= schreibung der Art an, auf welche der Wein da= mals in Preußen gewonnen wurde.

Die Weinberge befanden sich hauptsächlich

---

*) Sie sind eine Art von Brief, und an einen ge=
wissen Canonikus Fliedenteufel in Mainz gerich=
tet, der diese Nachrichten verlangt zu haben scheint,
wie aus dem Eingange erhellt. Ich bin nicht ohne
Ursache so weitläufig bei dem Auszuge gewesen, ein
Mahl, weil die Geschichte des teutschen Weinhaues
im Mittelalter überhaupt noch in tiefem Dunkel
liegt, und dann, weil ich mit vieler Wahrscheinlich=
keit glaubte, daß diese Nachrichten in ihrer ersten
Neuheit dem Leser äußerst interessant seyn müssen.

in der Gegend von Raſtenburg, Luneburg,
Rhein, Polska, Hohenrada, Tapiau und
bei Thoren an der Weichſel. Sie gehörten meiſt
dem Orden, und wurden als Regal von ihm gebaut und benutzt. Kniprode ſorgte hauptſächlich für ihre Aufnahme. Er ließ mit ſchweren
Koſten verſtändige Weinbauer aus Teutſchland
und Italien kommen, die die Berge, jeder nach
ſeiner Art, behandeln mußten. Die meiſten
Berge waren mit kurzen Stöcken bepflanzt, deren Ranken über die Erde krochen, und nicht an
langen Pfählen mit Reiſig aufgebunden wurden.
Doch machte auch bisweilen die Lage des Wein-
landes in einer Fläche dies Verfahren nöthig.
Dann gedieh aber die Frucht nicht ſonderlich,
und ſie kam nicht eher, als mitten im November, nachdem ſie ein Paar Mahl von einem tüch-
tigen Froſte gelitten hatte, zur Reife. Aber in
den Steinbergen, wo man keine Pfähle brauchte,
war die Ernte viel früher, aber der Wein hatte
einen Erdgeſchmack, den er nicht leicht in den
erſten Jahren verlor. Im Frühjahre wurden
die geilen Ranken fleißig beſchnitten, und der
Boden von aller Unreinigkeit geſäubert. Vinzenz erzählt, daß ein Mahl einige Landesbewoh-

ner, die man zu dieser Arbeit gedungen hatte,
ihren Messern einen so freien Spielraum gelassen
hätten, daß es im Herbste gar keine Ernte gegeben. Darauf habe der Hochmeister befohlen,
daß Niemand mehr, als die teutschen und ita-
lienischen Bauern diese Arbeit verrichten sollten.
Wenn die Zeit des Herbstes herannahte, so fing
die Lese erst dann an, wenn die Kunstverständi-
gen die Berge besichtigt und ihre Meinung darüber gesagt hatten. Es ist auffallend, daß man
in diesen Gegenden die Weinlese früher in den
Bergen angefangen hat, als es in andern wär-
mern und bessern Weinländern zu geschehen pflegt.
Anfangs Octobers war gewöhnlich das Geschäft
beendigt. Dusburg sagt sogar, daß i. J. 1379
die Trauben schon um Jakobi (25 Julius) gelesen
worden seyen, gewiß ein Beispiel einzig in seiner
Art, und für Preußen, besonders in damaligen
Zeiten, ganz außerordentlich. Doch ist zu ver-
muthen, daß man vor der Zeit gelesen habe,
aber aus schwer zu begreifenden Ursachen. Vor
dem Frost hat man sich wahrscheinlich nicht ge-
scheut, da man ihm, wie oben bemerkt worden,
die Trauben in den flachen Gegenden mit Vorbedacht überließ. Die Lese wurde von Mädchen,

wahrscheinlich in der Frohne verrichtet, die für
die ganze Arbeit, so lange die Ernte dauerte,
jede einen halben Skoter erhielt und um Mar-
tini ein freies Pankett. Die Trauben wurden
mit krummen Messern abgeschnitten, die der
Hochmeister eigens zu dieser Arbeit in Thoren
verfertigen ließ. Die Winzerinnen mußten diese
Messer Abends nach vollendeter Arbeit gewissen-
haft an den Oberaufseher abliefern und erhielten
sie Morgens zurück. Wenn die Trauben abgeschnitten waren, so wurden sie in hölzernen Gefäßen, woran die Fugen mit Kuhmist und Asche
verkleistert waren, damit der Saft nicht ausrin-
nen möge, von den Ordenspferden nach Hause
getragen und ganz dünn über eine Art Kelter
geschüttet, wo sie einige Tage, gewöhnlich 9—10,
liegen blieben, und bisweilen umgerührt wurden.
Darauf wurden sie mit langen Messern zerschnit-
ten und mit eisernen Platten, die man unter
die Füße band, zertreten; manchmahl auch vorher abgepflückt, und der erste Most in Fässer
zum Festtranke für die Ritter gefüllt. Ob man
schon Pressen gekannt habe, erhellt nicht. Vielmehr scheint das Gegentheil wahrscheinlich zu
werden, wenn man liest, daß man die Trau-

ben zwischen Brettern, die mit schweren Steinen belegt waren, zerquetschen ließ. In dieser
Lage blieben sie so lange, bis kein Saft mehr
floß und die Hülsen vertrocknet waren. Mit diesen Hülsen wurden im folgenden Frühjahre die
Kammer-Weinberge des Hochmeisters gedüngt,
zum Theil auch die Esel damit gefüttert. Die
neuen Fässer wurden ausgekocht und inwendig
mit Bernstein und Kieseln ausgescheuert, bis aller Holzgeruch heraus war. Darauf beschüttete
man die Fugen mit glühendem Pech und bestrich
sie mit Oel. In den ersten Monaten bekam der
Wein davon einen Pechgeschmack, den er aber
bald wieder verlor. Wenn das erste und letzte
Faß gefüllt wurde, so kam eine frohe Gesellschaft
von Rittern zusammen und feierte ein Fest, das
man Füllungsfest (festum impletionis) nannte.
Die Gesellschaft versammelte sich an dem Orte,
wo das Faß stand und erwartete unter beständi-
gem Trinken das Vollwerden. Wenn nun der
Kellermeister diese frohe Nachricht kund machte,
so erhuben alle zumahl ein fröhliches Evoe und
tranken auf das Wohlseyn des Hochmeisters.
Dann ging's zum Tanze, wobei gewöhnlich Bocks-
pfeiffer aufspielten, und Abends nach vollendeter

Arbeit auch die schönen Winzerinnen erschienen, und um eine Traube tanzten. Eben dieß geschah, wenn das letzte Faß gefüllt wurde. Am Martinstage aber war allgemeines Fest für Winzer und Winzerinnen, das gewöhnlich zwei Tage dauerte. Dann pflegte der Hochmeister zwei Tonnen Wein, und acht Tonnen Bier frei zu geben. Er selbst kam dann mit den Komturen und Rittern zusammen und feierte den Herbst, und wenn er im Kriege war, so war an diesem feierlichen Tage Waffenstillstand.

Der Ertrag aller Weinberge des Hochmeisters war beträchtlich genug. 1379 wurden 608 Tonnen gefüllt. Dieß war freilich auch nach Dusburgs Zeugniß ein sehr fruchtbares Jahr. Mit dem Weine ward kein Handel getrieben, sondern der Hochmeister verschenkte ihn gewöhnlich an die Komture des Landes, und an andere Leute, die sich um ihn und das Land verdient gemacht hatten. Er gab 1374 den Gesandten, die er für die Hansee nach England schickte, zwölf Tonnen für den König zum Geschenke mit; der Kellermeister zu Marienburg mußte aus dem Kammerkeller das beste und reinste Gewächs dazu wählen. 1376, als der Hochmei-

ſter in Danzig den Vogel abſchoß, ſchenkte er
dem Burgermeiſter und Rath ſechs Tonnen ra-
ſtenburgiſchen Gewächſes. Der Großkomtur und
der Marſchall hatten die Erlaubniß für ihren
Gebrauch ſo viel aus dem Hoffeller zu nehmen,
als ſie wollten. Die Pfarrer und Schullehrer
bekamen jährlich einen Pfingſt- und einen Mar-
tinstrunk. Als i. J. 1363 der Herzog Rudolf, der Makabäer, in Marienburg feſtlich
bewirtet ward, mußte der Mundſchenk beim Be-
ſchluſſe der Tafel einen großen goldenen Becher
mit Wein aus den Thorner Bergen füllen, den
zuerſt die Herzoge, dann der Hochmeiſter und
die übrigen Ritter auf gut Kriegsglück leerten.
Da ſagte Rudolf: langt mir noch ein
Mahl den Becher her, der Trank iſt äch-
tes Oel, davon einem die Schnauze an-
klebt. Der Mundſchenk füllte den Becher und
der Herzog leerte ihn auf das Andenken Ludwigs von Baiern, wobei alle Ritter ein ho-
hes Freudengeſchrei erhoben, und ebenfalls die
Becher zu Ludwigs Ehre klingten.

Wenn der Moſt acht Tage in den Fäſſern
gelegen hatte, ſo fing er ſich erſt recht zu reini-
gen an, und dieß dauerte gewöhnlich drei Wo-

chen. Dann war ein solcher Dunst in den Kellern, daß man betäubt darin wurde. Dieser Dunst stieg 1379 sogar bis in die Gemächer des Hochmeisters in dem Schlosse zu Marienburg, so daß er befehlen mußte, die Oeffnungen an den Kellern mit Strohwischen zu verstopfen.

Die Verbindung der Gedanken führt hier auf den Durst der Ritter und der Einwohner in Preußen. Ich habe dazu viele verschiedene Daten aus dem preußischen Chronikenschreiben gesammelt und theile einige hier mit. Man wird daraus sehen, daß man in diesem Lande den Brüdern in Teutschland nichts nachgab, und sie sogar bisweilen noch im Trinken übertraf.

Es ist schon oben bemerkt worden, daß bei des Hochmeisters Installation ein silbernes Becken an der Tafel herumging, in das sich 8 Weinflaschen selbst ergossen und das auf Einen Zug geleert werden mußte. Veit von Bassenheim, aus dem alten Rittergeschlechte von Waldbot leerte es vier Mahl und hier zeigte Kniprode, daß er bei all seinen Vortreflichkeiten doch etwas auf wackere Trinker hielt; er beförderte ihn zum Schloßhauptmann. Vor dem Auszuge in den Krieg und selbst mitten unter den Waffen wur-

den große Saufgelage gehalten. Bei der Bela=
gerung der Festung Kauen löf'ten sich die Rit=
ter wechselweise von der Nachtwache ab, und
hielten sich durch den Wein munter und warm,
der zu diesem Zwecke besonders von Thoren
beigeführt wurde. Daß bei solchen Gelegenhei=
ten auch wacker gesungen worden sey, beweis't
ein altes Lied, das sich in einer geschriebenen
Hochmeister=Chronik *) befindet, die auf der kai=
serlichen Bibliothek zu Wien aufbewahrt wird.
Angeblich wurde es in der Mitte des dreizehn=
ten Jahrhunderts verfertigt; es ist aber wahr=
scheinlich durch neuere Zusätze ausgebessert worden.

Als im Jahr 1374 das Fest des Waffenstill=
standes mit den Litthauern zu Marienburg
gefeiert wurde, gab der Hochmeister den fremden
Rittern und den Ordensbrüdern auch einen fest=
lichen Schmaus, der zwei Tage und zwei Nächte
dauerte, und wobei sich die Ritter wacker be=
rauschten. Als gegen Morgen der Wein aus=
ging, und der Kellermeister sich entfernt hatte,

*) Der Herr Abbee Strabtmann hatte die Gü=
tigkeit, mich aufmerksam darauf zu machen.

um von der vielen Arbeit des Tages auszuruhen, nahm der Komtur von Königsberg ein altes Schwert, und brach die Kellerthür ein. Die Ritter folgten ihm mit ihren zinnernen Humpen in der Hand, und fingen an, bei den Fässern zu zechen, wovon sie aber so berauscht wurden, daß die meisten auf dem Hofe schliefen und es vor lauter Hitze in den Gemächern nicht aus⸗ halten konnten.

Es ist ein angenehmes Gefühl, wenn man bedenkt, auf welche für die damaligen Zeiten wirklich musterhafte Art Kniprode das Glück seiner Unterthanen gründete. Die Bildung des gemeinen Volks lag ihm vorzüglich am Herzen, denn hier sah es nach dem wenigen, was seine Vorgänger gethan hatten, sehr wüste aus. Bis unter ihm hat man in Preußen keine öffentlichen Landschulen gekannt. Aber schon im zweiten Jahre seiner Regierung fing er dieses Geschäft mit Ernst an. Es wurden tüchtige Lehrer aus Teutschland für den Unterricht der Jugend beru⸗ fen, und unter die Aufsicht eigens dazu bestimm⸗ ter Ordenspriester gestellt, die nach und nach selbst Lehrer bilden mußten. Jedes Dorf, das aus 60 Familien bestand, bekam eine eigene

Schule

Schule. Die Lehrer erhielten von den Bauern jährlich bestimmte Victualien und aus der Ordenskasse sechs ungersche Gulden. Dafür mußten sie den Kindern teutsch lehren, und lesen und sie im Christenthume unterrichten. Aber nur im Winter wurde Schule gehalten, denn im Sommer mußten die Kinder ihren Eltern in der Feldarbeit helfen. In einem menschenarmen Lande sind auch Kinderhände dem Landmanne für das Heuschlagen Gewinn. Die Kinder aus den kleinern Dörfern mußten in das ihnen nächst gelegene Dorf zur Schule gehen. Kniprode sorgte auch für die höhere Bildung der Jugend und für den Unterricht derer, die sich dem geistlichen Stande widmen wollten. In Marienburg und Königsberg wurden lateinische Schulen unter der Aufsicht Peters von Augsburg, eines gelehrten Ordenspriesters, angelegt. Die Schüler bekamen hier den Unterricht umsonst, und die fleißigen wurden von dem Hochmeister beschenkt und für ihr Unterkommen gesorgt. Wenn sie aus adeligen Familien waren, so konnten sie Ritter werden, und die Bürgerlichen und Armen hatten Ansprüche auf den geistlichen Stand und kamen als geistliche Brüder in

F

den Orden, doch nur äußerst selten, und nur
dann, wenn der Hochmeister sicher seyn konnte,
daß sie in Zukunft nicht, aus Vorliebe zu ihrem
Vaterlande, gegen den Orden arbeiten würden.

In Marienburg und Königsberg ließ
der Hochmeister auch zwey Krankenhäuser zur
Verpflegung der Armen anlegen. Jeder, der im
Lande krank wurde, konnte sich dahin bringen
lassen, und ward auf Kosten des Ordens ver-
pflegt. Diese Häuser standen unter der Aufsicht
des obersten Spittlers, der ein angesehenes Amt
bekleidete, und selbst Ritter war. Seiner Ver-
richtungen waren seit der Zeit, da sich der Orden nicht mehr sonderlich mit der Krankenpflege
abgab, nur wenige. Kniprode gab ihnen die
alten Beschäftigungen wieder. Vinzenz nennt
einen Armenier, Bormienes, der hier auf eine
wunderbare Art Kranke geheilt haben soll. Seine Familie war in frühern Zeiten mit einigen
Ordensrittern aus Palästina gekommen, und hatte Anfangs in Venedig und dann in Marienburg ihre Kunst geübt. Dieser Mann
zeigte sich besonders thätig im Herbst des Jahres 1361, da in Marienburg eine Epidemie
wütete, die eine Menge Menschen dahin raffte.

Dreitaufend follen daran allein in Marienburg
niedergelegen haben, und nur fünfhundert wieder
erftanden feyn. Auf dem platten Lande fah es
befonders fchlimm aus, denn da gab es keine
Aerzte, und die Priefter verfagten den Sterbenden die letzte Hilfe, weil fie angeftecft zu werden befürchteten.

Die Pflege der Juftitz kam unter Kniproden in den fchönften Flor. Er berief die be-
rühmteften Rechtsgelehrten feiner Zeit aus Italien und Teutfchland nach Marienburg, und
ftellte fie in bedeutenden Aemtern an. Die mei-
fte Zeit, wenn er fich von dringenden Staatsge-
fchäften und von Feldzügen abmüßigen konnte,
brachte er in dem Kreife diefer Männer zu, und
ließ fich von ihnen Rath in den verwickelften
Dingen ertheilen. Er betrachtete fie als noth-
wendige Mitglieder in einem wohlgeordneten
Staate, und fchätzte und ehrte fie als folche.
Seinen Rittern pflegte er fie gewöhnlich als un-
entbehrliche Mitarbeiter an dem Glücke eines
Volkes, darzuftellen, und jedem Komtur einen
von ihnen als Rathgeber und Richter beizuge-
ben. Er hegte eine folche Ehrfurcht für fie, daß
er in Rechtsfachen, wo Unterthanen feine Hilfe

suchten und seine Entscheidung verlangten, nie
einen Machtspruch gegen ihr Gutachten that, und
überhaupt nie Kabinetsjustiz ausübte.   In solchen Fällen mußten die Gelehrten zusammen kommen, ein besonderes mit Entscheidungsgründen
ausgestattetes Gutachten ausarbeiten und ihm vorlegen.   Dieses Kollegium gewann bald ein solches Ansehen, daß sich ausländische Fürsten Gutachten von ihm ausbaten, sowohl in Staats- als
in bürgerlichen Sachen.   Der Bischof von
Würzburg unterwarf einen Rechtsstreit mit
einem Fränkischen Ritter ihrem Gutachten, erhielt ein obsiegliches Urtheil, und dankte dem
Hochmeister in einem stattlichen Briefe für das
Glück, das er ihm durch seine Rechtsgelehrte
verschafft hätte.- Dies Kollegium war die letzte
Instanz in Preußen in bürgerlichen Sachen.
Von ihm ging der Weg in das Kabinet des
Hochmeisters, aber nur in Gnadensachen. Wenn
ich eine Stelle bei Vinzenz recht verstehe, so
hat Kniprode ihnen auch die Abfassung eines
eigenen Gesetzbuches angetragen, eine Art von
Preussen-Spiegel, der aber nie zu Stande kam,
und den sich die Städte, die fast alle auf eigenes Recht gesetzt waren, gewiß nicht würden ha-

ben ,gefallen laſſen. Doch da die übrigen Chronikenſchreiber nichts davon erwähnen, und auch
in den alten preußiſchen Rechten keine Spur davon anzutreffen iſt, ſo läßt ſich die Sache nicht
weiter mit Gewißheit unterſuchen. Der Hochmeiſter war aber nichts weniger als nachſichtig
gegen ſein neues Kollegium, mit was für gelehrten, durch Geiſt und Herz mit Ruhm be-
zeichneten Männern es auch beſetzt ſeyn mochte.
Sie mußten ihm zu gewiſſen Zeiten genaue Rechenſchaft ablegen, und dadurch wurde ein Haupt-
fehler der Verfaſſung gebeſſert, der unter den
Kosmen und Ephoren in Kreta und Lacedämon
gewaltige Verwüſtungen angerichtet hat. °)
Kniprode zeigte ſich bei ſolchen Unterſuchun-
gen als weiſer Regent. Piſtorius von Frankfurt, den er auf einer Ungerechtigkeit aus Vor-
ſatz ertappte, wurde nicht öffentlich geſtraft, um
dem Volke kein Mißtrauen gegen die andern
Männer einzuflößen, ſondern heimlich aus dem
Lande verwieſen, und unter das Publikum ge-

°) Montesquieu esprit de loix. **Livr.** II. chap.
6. p. 280.

ſtreut, er wäre aus Vorliebe gegen ſein Vater-
haus nach Hauſe gegangen.

Gegen die Ritter und Ordensprieſter war
Kniprode nicht minder ſtreng. Er ſtrafte kleine Fehler ſcharf an ihnen, damit größere nicht
begangen würden. Beſonders ſtreng hielt er auf
die Befolgung der Ordensregel. Zehn Mahl
ſchrieb er während ſeiner Regierung General-
Kapitel aus, wobei alle Brüder, zum wenigſten
die Komture des Ordens aus den in = und aus-
ländiſchen Provinzen, zuſammen kommen mußten. Die weit entlegenen erhielten ein ange-
meſſenes Reiſegeld, und wenn ſie durch fremde
Länder ziehen mußten, ſicheres Geleit. In dieſen
Kapiteln wurde über das Beſte des Ordens ge-
rathſchlaget und für die Zukunft Maßregeln genommen. Sie wurden aber nie ohne eine be-
ſondere wichtige Veranlaſſung ausgeſchrieben.
Provinzial-Kapitel hielt der Hochmeiſter jährlich
zwei, vor Eröffnung und nach dem Ende eines
jeden Feldzuges. Dann mußten die Komture
über den letzten Feldzug Rechenſchaft ablegen
und rathen, auf welche Art der neue am beſten
anzufangen wäre. Bei ſolchen Verhandlungen
war der Marſchall Schindekopf die Seele,

aber der Hochmeister folgte seinem Rathschlage nie blindlings, ohne selbst den Zustand des Landes zu erwägen, und jeden Komtur über seine Provinz zu vernehmen. Dann ward mit der größten Genauigkeit untersucht, wieviel jede Komturei besonders gelitten und wieviel Leute sie verloren? Was sie noch ferner ohne großen Schaden für den Landmann thun könnte? Wie viele und auf welche Art die Krieger am leichtesten zu stellen wären? Ueber diesen Punkt dachte Kniprode wie ein zärtlicher Vater für sein Land. Wenn er teutsche Fürsten auf irgend eine Art vermögen konnte, Hilfstruppen gegen den Feind zu schicken, dann durfte im Lande nur sparsam geworben werden, und selbst diejenigen, die mit den Rittern zu Felde zu gehen verpflichtet waren, wurden dann oft frei gegeben, um Ackerbau zu treiben, erhielten aber dennoch ihren Antheil an der Beute, die in dem Feldzuge gemacht wurde. Nach der Hauptschlacht im J. 1361 wurden 2000 Stücke erbeuteten Rindviehes unter das Landvolk vertheilt. Die Ritter behielten nichts für sich.

Aber auch selbst den Krieg suchte der Hochmeister auf einige Art für das Land zu nützen,

oder ihm wenigstens die schrecklichen Wunden
weniger fühlbar zu machen. Wenn Gefangene
gemacht wurden, so ließ er diese verhältnißmäßig
in den Komtureien vertheilen und das Feld bauen.
Die Priester mußten für ihre Bekehrung sorgen,
und wenn sie ein Mahl die Taufe genommen
hatten, so wurden sie gewöhnlich an preußische
Mädchen verheirathet, oder mußten ihre Weiber
und Kinder, wenn es möglich war, aus Litthauen
kommen lassen. Bey der Auswechselung der Gefangenen im J. 1369, die Schindekopf mit
Keistuten zu Königsberg veranstaltete, fand
es sich, daß die Ritter den Litthauern nicht ein
Mahl so viele Gefangene zurückgeben konnten,
als sie von den Litthauern empfingen. Der
Ueberschuß mußte mit Gelde gelöst werden.
Hierdurch wurde die Volksmenge mitten im Kriege vermehrt, und man kann mit vieler Wahr-
scheinlichkeit behaupten, daß Preußen nach dem
Tode des Hochmeisters, nach einem einunddrei-
ßigjährigen verheerenden Kriege, kaum etwas
Merkliches an seiner Bevölkerung verloren hat.
Der Hochmeister verstand es für seine Zeit recht
gut, was die Menschen in einem Lande werth
sind, und daß auf ihnen nur die eigentliche Stär-

le des Staates beruht. Kurz vor seinem Tode
ließ er sich eine Berechnung über die Anzahl der-
jenigen vorlegen, die im litthauischen Kriege gefallen waren und verglich sie mit der Zahl der
neuen Kolonisten. Jene hat uns die Geschichte
aufbehalten.

Beträchtlicher aber, als Bevölkerung, hat
der Handel unter seiner Regierung gewonnen.
Er schützte ihn aus Grundsatz, denn er wußte,
daß mit dem Wachsthume des Handels auch die
Größe des Ordens und die Einnahme wachsen
mußte. Drei Städte gediehen unter ihm zu
kleinen Republiken. Vorzüglich schön blühte der
Handel von Danzig, das ohne Vergleich damals des Hochmeisters beste Stadt war. Sie
war auch sein Liebling. Er schützte sie wo er
konnte, und begünstigte sie auf alle Art. Wenn
er nach Danzig kam, so war er gewöhnlich in
der Gesellschaft der Kaufleute und besprach sich
mit ihnen über ihre Geschäfte, und ließ sich von
ihnen berathen über die Aufnahme des Handels.
Danzig gehörte in den ersten Jahren von
Kniprodens Regierung nach aller Wahrschein-
lichkeit schon in den Hansebund. Dadurch kam
diese Stadt in dem In- und Auslande in einen

vorzüglichen Ruf, und Winrich suchte diesen Ruf nach Kräften zu vermehren. Er gestattete ihr die Erneuerung ihrer alten Handfeste von Ludolf König auf Bitte des Magistrats und der Bürgerschaft, und erklärte dabei, daß ihn rechtmäßige Ursachen dazu bewogen hätten. Er setzte die Stadt dabei auf Culmsches Recht und Culmsche Gerichtshaltung, und bestimmte ihre Rechte und Freiheiten und ihre Verhältnisse gegen den Orden. Einige Schriftsteller wollen ihn beschuldigen, daß er den Rechten Danzigs durch die Anlegung der Jungen Stadt habe Schaden zufügen wollen. Dieses ist aber, nach seinen andern Begünstigungen der Stadt, nicht wahrscheinlich. Ihre Rechte wurden vielmehr ganz genau bestimmt. Sie bekam das Dorf Zichanke und andere Grundstücke zum Eigenthume, und Plätze zur Erbauung eines Rathhauses, Marktes und einiger Kirchen. Die unversöhnliche Feindschaft der Danziger gegen diese Stadt ist aus ganz andern, aber bis jetzt noch unentwickelten Ursachen entstanden, wahrscheinlich aus Neid und Mißgunst der verschiedenen Städtebewohner gegeneinander und aus Pri-

vatabſichten der nachherigen Ordensgebietiger. *)
Kniprode ertheilte auch der Stadt Danzig
zum Andenken an den angelegten Ueberfall Kei⸗
ſtuts, das Freiheitsrecht während des Dominik⸗
marktes, daß den Fremden mit Fremden nur 3
Tage lang zu handeln, nachher aber nicht an⸗
ders, als mit Bürgern der Stadt Commerz zu
treiben frei ſtehen ſollte. Er beſchränkte dadurch
ſelbſt die Macht der Hochmeiſter, die ſonſt immer
den Fremden auf eine beſtimmte Zeit die Jahr⸗
marktsfreiheit ertheilen konnten.

Der Handel, welcher damals aus dem Or⸗
densgebiete durch Danziger Spediteur getrieben
wurde, beſtand hauptſächlich in der Kornausfuhr,
die aber unter dem Hochmeiſter von Wallen⸗
rode, dem zweiten Nachfolger unſeres Helden,
erſt recht beträchtlich wurde. Kniprode hatte zu
viele Urſachen, als daß er in dem ſchweren Lit⸗
thauiſchen Kriege die Ausfuhr des Getreides nach
Frankreich, England und den Niederlanden be⸗
fördern ſollte. Wenn ſeine Speicher und Ma⸗
gazine nicht hinlänglich beſchüttet waren, ſo ver⸗
kaufte er kein Ordensgetreide in fremde Länder.

*) Vergl. Gralath a. a. O. S. 90.

Man kann schon einen Schluß auf Danzigs beträchtlichen Handel unter dieser Regierung machen, wenn man in den Chroniken liest, daß 1351 durch einen Sturmwind im Hafen auf ein Mahl sechzig Kauffartelschiffe zu Grunde gegangen sind. Nach einer andern Angabe starben an einer ansteckenden Krankheit, die in Preußen wütete, 1353 allein 13000 Menschen innerhalb der Stadtmauer, ohne daß man eine beträchtliche Abnahme der Bevölkerung spürte.

Kniprodens Ansehen bey den Kaufleuten ging so weit, daß ihn die Städte zum Haupt wählen wollten des hansischen Bundes. Er schlug aber dieses ehrenvolle Anerbieten aus, woran die Beschäftigungen im Litthauischen Kriege wohl hauptsächlich Schuld gewesen seyn mögen. Seine Verbindungen würden dadurch vertausendfacht worden seyn. Er unterließ aber dagegen nichts, was dem Bunde von Nutzen seyn 1374 konnte. 1374 ersuchte ihn der Bund *), sich durch Gesandte für ihn bei dem Könige von England, wegen Abschaffung des Zolles, zu verwenden, der den hansischen Verbündeten in Eng-

---

*) Willebrandt's hansische Chronik. S. 189.

land abgedrungen wurde. Kniprode that alles
Mögliche für den Bund, erhielt aber kein Ge-
hör, denn der Zoll, als ein Regal der Krone,
war dem Könige viel zu werth, als daß er ihn
dem Vortheil des Handels in seinem Lande hätte
hingeben sollen. Kniprode hatte aber ein Mahl
die Unterhandlung angeknüpft, die unter den folgenden Regierungen eifrig fortgesetzt, aber erst 1437 unter dem Hochmeister Paul Bellizer von Ruß-
dorf glücklich beendigt wurde. Glücklicher war er
für seine Städte und für den Handel in den nordischen Gewässern, in der Befehdung der Seekö-
nige, die besonders auf Gothland den Kauffartei-
schiffen sehr beschwerlich waren. Kniprode ließ
seinen Admiral Bonström gegen sie kreuzen;
der Hansebund mußte ihm 3 Schiffe zu Hilfe
schicken. Diese brachten auch wirklich zwei Räu-
berschiffe in den Danziger Hafen auf. Die Anführer wurden gehenkt und dann auf der Rhede
aufs Rad geflochten. Die Matrosen nahm der
Hochmeister unter seine Seesoldaten auf. Bei
dem Löschen ihrer Schiffe fanden sich neunzig-
tausend Mark an baarem Geldvorrathe, der
größtentheils von gekapertem Getreide in England gelöst worden war. Kniprode bestimmte

diese Summe für die Bemannung der Schiffe,
die beständig als Kreuzer gegen die Räuber unterhalten werden sollten. Diese Räuber wurden
gewöhnlich Vitalianer genannt, und fanden während der nordischen Unruhen reichliche Beute auf
der Nord- und Ostsee. Hamburg, Lübeck,
die preußischen, pommerschen und liefländischen
Städte, litten hauptsächlich durch sie. Erst in
der Folge wurden sie durch die sogenannten Frie-
densschiffe gestürzt.

Der Handel in Preußen ward von Kniproden auch noch besonders dadurch befördert,
daß er neues Geld in Umlauf zu setzen suchte.
Dieses Werkzeug der Handelschaft war bisher
nur in den Händen der Städte gewesen. Der
Landmann handelte meist nur durch Tausch. Ju-
den gab es nicht im Lande und keine Lombar-
den. In den langen Kriegen gab der Landmann
als Kriegssteuer kein baares Geld, denn das hatte er nicht, sondern nur zu Zeiten einige Natu-
ralien. Kniprode ließ zuerst die Skoter prä-
gen, eine Münze, die den vier und zwanzigsten
Theil einer damaligen preußischen Mark hielt.
Sie sind bei Hartknoch p. 280 in Kupfer ge-
stochen. Grunovius sagt in seinem Buche Fol-

gendes davon: „Man fand Bergwerke im Hoker, lande, wiewohl mit mächtiger Unkost. Es ward gebaut, und man kaufte eine Mark Silbers um 11 Vierdung preußischer Münz vom Hochmeister geschlagen. Die Mark hat 16 Loth oder 20 Skot. Gewicht. Ein Zentner Kupfer 7 Vierdung. Ein Zentner Eisen 1½ Mark, Seine Münze war 5 Mark Münze von einer Mark löthig, das Drittheil war Kupfer." Das Gepräge dieser Münze besteht auf der einen Seite in einem einfachen Kreuze auf einem Schilde, mit der Umschrift: moneta dnorum Pruci, und auf der andern in dem Ordenskreuze mit einem einfachen Adler, mit der Umschrift: Magst. Wunrics. Prims. Eine solche Münze hatte den Werth von 6 heutigen preußischen gemeinen Groschen. Einige preußische Städte schlugen unter ihm auch dergleichen Münze. Sonst sagt noch Grunovius von Kniprodens Münzen Folgendes: „Er schlug Skoter, 24 für eine Mark, das Stück für 15 Pfennige. Er schlug auch Schillinge, 60 für eine Mark, das Stück für 60 Pfennige, und diese war sehr gut, wie man sie noch heut im Lande findet. Da gingen auch pommersche Vierchen, dieser waren zwey für einen

preußischen Pfennig." Damals gab es in Preußen noch keine goldenen Münzen. Erst unter
Kniprodens Nachfolger, Konrad Zöllner,
wurden die ersten geprägt.

Für die Aufnahme des Kriegswesens sorgte
Kniprode dadurch, daß er in den Städten das
sogenannte Vogelschießen, und auf dem Lande
das Ziel.verfen einführte. Diese Uebungen waren
schon lange vorher in Teutschland üblich gewesen,
und wurden wahrscheinlich von da nach Preußen
verpflanzt. Ein Vogel von Holz wurde, gewöhnlich am Pfingstfeste, auf einer Stange errichtet, und die Bürger versammelten sich, um
ihn mit Armbrusten herab zu schießen. Der beste Schütze dabei ward König genannt, und ge-
noß als solcher gewisse Freiheiten und Rechte
vor den andern. Das Scheibenschießen hielt man
meist an jeden Sonntagen. Dann wurde ein
großer weisser Stein mit einem schwarz gemal-
ten Herze in der Mitte aufgestellt. Der König
bei dieser Uebung bekam gewöhnlich eine Tonne
Biers zur Belohnung, und die übrigen, so ihm
am nächsten waren, gewannen verhältnißmäßig.
Kniprode pflegte bei dergleichen Feierlichkeiten
immer persönlich gegenwärtig zu seyn und die
Bür-

Bürger aufzumuntern und selbst mit zu schließen.
So gewann er gleich nach seiner Wahl den Preis
zu Marienburg. So mußten sich die Stadt-
bürger noch an besonders dazu bestimmten Tagen des Jahrs in den Waffen üben, und unter
der Anführung ihrer eigenen Hauptleute, auch
wohl der Komturen, Ritterspiele anstellen und
unter sich kämpfen. Diese Uebungen hatten einen
großen Vorzug vor den damals üblichen Turnie-
ren, zu denen nur Ritter aus altem Stamme
zugelassen wurden und sich übten. Hier mußte
jeder erscheinen, der verpflichtet war, in den Krieg
zu ziehen, sowohl Edler als Bürgerlicher.

Kniprode machte auch die Verordnung,
daß 12 Ritter und 6 Ordenspriester einen Con-
vent bilden sollten unter einem Komtur. Wai-
sel nennt 30 solche Convente, aber nach Grunovius gab es unter ihm 32½.

So wie durch die neuen Ankömmlinge im
Lande andere Verhältnisse entstanden, so suchte
der Hochmeister durch die Anlegung neuer Städte den Landmann mehr mit dem Handel zu ver-
binden und ihn gesitteter zu machen. Er legte
den Grund zu Allenstein, Mühlhausen,
Insterburg, Barten und Rein. Um sie

G

zu bevölkern wurden die wohlhabendsten Bauern von dem Lande herein gerufen, und jeder Stadt besondere Privilegien ertheilt, die sie nur allein ausüben durften. Diese Privilegien waren aber nur auf eine bestimmte Zeit beschränkt, nach deren Verlauf sie wieder aufhören sollten. So hatte Mühlhansen gleich anfangs das Recht, alles Vieh, das durch ihr Gebiet in andere Städte zum Verkauf getrieben wurde, vorzukaufen. Ja die Verkäufer mußten es erst in der Stadt feil bieten, ehe es an Ausbürger verkauft werden durfte. Alle waren fünf Jahre nacheinander von allen Abgaben frey, und wurden erst darauf mit sehr gelinden Steuern belegt. Wenn die Bürger Geld brauchten, so schoß es ihnen der Hochmeister aus der Ordenskasse vor, und nahm dafür kleine Interessen, was auch alberne Religionsgebräuche und Pfaffen dazu sagen mochten, denn bey ihm war Sieg der Vernunft. Alle diese Städte waren dagegen verpflichtet, in ihren Mauern einen Speicher zu unterhalten, der auf alle Fälle mit Getreide für die Armen gefüllt seyn mußte, und wofür ihnen der Hochmeister eine geringe Taxe bezahlte. Diese Speisen wurden jährlich mehrmal von den Unterbedienten visitirt, und wenn sie nicht nach der Vorschrift gefüllt waren, so folgten große Strafen.

Es mußte dem Hochmeister nahe gehen, die=
se Städte gleich in ihrer ersten Entstehung von dem Feinde heimgesucht zu sehen. Er suchte ih=
nen nach einem solchen unglücklichen Vorfalle immer wieder aufzuhelfen, wo er konnte. Aber die immerwährenden feindlichen Unruhen waren Ursache, daß kein Landbewohner gern in diese Städte zog, wo er oft manche Woche eingeschlos=
sen, und seine Arbeiten zu vernachlässigen ge=
zwungen war. Dadurch wurde der Hochmeister veranlaßt, noch besondere Belohnungen für dieje=
nigen auszusetzen, die in den neuen Städten Häu=
ser bauen würden. Bisweilen geschah es auch, daß dadurch Fremde, besonders Kreuzfahrer aus Teutschland, angelockt wurden, sich hier anzu=
bauen. Sie stunden hier viel besser, als in ih=
rem Vaterlande, wo sie von grausamen Lehns=
herren auf alle nur mögliche Art gequält wurden. Die Bauern hatten zwar auch Hofdienste zu verrichten, aber die Ritter waren hier viel mensch=
licher, als an der Elbe und am Rhein, und die Städtebewohner waren ganz frey davon. Was der Komtur sich im Kriege leisten ließ, waren

G 2

außerordentliche Fälle, und daraus durfte keine
Regel gemacht werden.

Die neuen Städte wurden gleich Anfangs
mit Mauern, Gräben und hohen Thürmen gegen feindliche Anfälle gesichert. Jeder Bürger
hatte bey einem Ueberfalle oder bey einer Belagerung seine besonders angewiesene Stelle, wo
er mit den Waffen in der Hand, hauptsächlich
mit der Armbrust, an der Schleßscharte stehen,
und den Feind empfangen oder ihm auflauern
mußte. Jeder benannte eine solche mit seinem Namen; daher das Heinrichs-Loch, die Mi-
chelsscharte, der Hans-Platz u. s. w. Der
jedesmalige Vogelskönig führte dann an, wenn
kein Komtur oder kein Ritter zu diesem Geschäfte da war. Nach teutscher Art wurden die Bürger von dem Militärdienste außer der Stadt frei
gegeben, und ihnen noch andere Begünstigungen
ertheilt, die ihnen aber zum Theil von den nachherigen Ordensgebietigern wieder genommen
wurden.

Doch zeigte es sich auch schon unter Kniprodens Regierung, daß die Brüder des Ordens
selbst bürgerliche Nahrung zu treiben anfingen,
und dadurch den Städten großen Abbruch tha-

ten. Diese recurirten aber an den Hochmeister,
der dagegen strenge Befehle erließ, die aber unter seinen Nachfolgern theils aufgehoben, theils
nicht befolgt wurden.

Die Einnahme des Ordens in dem Lande
betrug jährlich ungefähr anderthalb Million un-
gerscher Gulden, ohne dasjenige, was Bernstein,
Fischerei und Bußen abwarfen. Der Bernstein
wurde als Regal für die Ordenskammer benutzt,
und auch bisweilen, doch nur auf sehr kurze
Zeit, verpachtet. Doch weiß man nicht bestimmt, wieviel er eingetragen hat.

Ein Beweis, daß der Luxus unter dieser Regierung in Preußen sehr überhand zu nehmen
anfing, ist die Kleiderordnung, die der Hochmeister publiciren ließ, und bei schwerer Strafe zu
halten gebot. Es war darinn besonders verord-
net, daß die Städtebewohner in ehrbarer Klei-
dung bey ihren Versammlungen und in der Kirche erscheinen sollten, und keine teuflische Heu-
ken tragen sollten. Das Frauenzimmer wurde
ermahnt, den Kopf nicht mit überflüssigem Golde zu putzen, welches eine Anlockung des Teu-
fels ist und sinnlicher Gelüste.

Wenn man gleich annehmen kann, daß der

Hochmeister mit königlicher Macht in seinem Lande bekleidet war, so war er doch keineswegs un-
umschränkter Monarch. Der teutsche Kaiser, der
in damaligen Zeiten als Herr der Welt betrachtet wurde, übte hier seine Macht so gut aus,
als in manchen andern Ländern Europas. Bey
Goldast °) kommt eine Urkunde vor, wo der
große Kayser, Friedrich II, all das Land ein
Stück seiner Staaten nennt, das Konrad von
Massovien den Rittern geschenkt hatte, und
auch dasjenige, was sie in der Folge erobern
würden. Der Hochmeister Hermann von
Salza, suchte eine eigene Bestätigung bey dem
Kaiser für die Eroberungen des Ordens, die ihm
auch in eben dieser Urkunde ertheilt wird. Bey
Schütz finden sich noch mehrere Beyspiele von
der Ausübung der kaiserlichen Macht gegen Preußen und den Orden. Im Jahr 1335 **) ent-

---

°) Reichshandlungen p. 168. u. s. f.

**) Alle hier und in der Folge angeführten Urkun-
den stehen bey Duellius in historia Ordinis teu-
tonici, im Anhange. Vergl. auch Mathaei analecta
medii aevi. tom. V. p. 62·. Lünig. specil. eccles.
P. I. cont. I. p. 50. Pfeffinger in Vitriario illu-
strato. I. 1213. II. 923. 929.

ſtand unter dem Hochmeiſter, Dieterich von Altenburg, ein Streit über die Grenzen des Landes. Kaiſer Ludwig befahl dem Hochmeiſter bey ſchwerer Strafe, auch nicht das geringſte von dem Lande, das er von dem römiſchen Reiche zu Lehen trüge, zu veräuſſern, und ohne Vorwiſſen des Kayſers keinen Richter in dieſer Sache zu erkennen. Wenn es darauf ankam, eine Sache gegen den Willen des Volkes durchzuſetzen, ſo nahm ſich der Orden gewöhnlich das kaiſerliche Anſehen zur Aegide, bekümmerte ſich aber in andern Dingen wenig um den Kayſer, der zu weit entfernt war, als daß er ihm in damaliger Zeit großen Schaden hätte zufügen können. Doch zeigten ſich die Kayſer aus Privatabſichten willfährig gegen den Orden. 1213 gab Kayſer Otto IV. dem Orden ein Schutzprivilegium. 1214 erklärte Friedrich II. in einer Urkunde, daß der Hochmeiſter als ein Glied ſeines Hofes betrachtet werden, und wenn er bey dem Hoflager erſchien, mit 6 Rittern ſtattlich bewirthet werden ſollte. In eben dieſem Jahre gab er dem Orden die Vollmacht, ſeine Beſitzungen auch durch Reichslehen zu vermehren. 1221 nahm eben dieſer Kayſer den Orden

in feine befondere Protection und gab ihn von
allen Exactionen frey. 1222 erklärte er, daß kein
Ordensritter wegen Schulden, die er vor dem
Eintritte in den Orden gemacht hatte, belangt
werden könnte. 1223 bestätigte er von neuem
das Recht des Ordens, Reichslehen zu acquiri
ren. In eben diesem Jahre schenkte er dem Or
den alle Einkünfte der erledigten Kirchenämter,
die der Kaiser zu vergeben hatte, auf ein ganzes
Jahr. Sein Sohn Heinrich gab dem Orden
1227 das Recht, vermöge dessen ihm alle Privi
legien oder sonstige Sachen von der kaiserlichen
Kammer-Kanzelley umsonst ausgefertigt werden
sollten. Kaiser Rudolf nahm 1273 den Orden
auch in seinen besondern Schutz.

Selbst von den kaiserlichen Freigerichten oder
der sogenannten westfälischen Fehme, finden wir
in vorigen Zeiten, besonders aber unter dieser
Regierung, Beyspiele. Vinzenz vermuthet nicht
ohne Grund, daß mehrere Komture Mitglieder
dieses fürchterlichen Tribunals gewesen seyen, und
Einige haben sogar selbst den Hochmeister in
Verdacht. Dieß ist so unwahrscheinlich nicht,
wenn man bedenkt, daß damals die größten Für
sten in dieser Verbindung standen, und selbst die

guten und vortrefflichen sich dadurch gegen aller,
ley Verfolgungen zu decken sucht.n. Vinzenz
erzählt ein paar schaudernde Beyspiele von dem
Unwesen, den die Mitglieder dieses Ordens in
Preußen trieben. Zwey Ordensritter, Mein,
hard von Aberhand und Hans von Harf
wurden eines Morgens an einer Eiche vor Ma,
rienburg aufgehenkt gefunden mit den Zeichen der
Fehme, und kein Mensch getraute sich zu behaup,
ten, daß die Ritter unschuldig gewesen wären,
obgleich sie jedermann vorher als rechtschaffene
unbescholtene Männer gekannt hatte. Man klag,
te es dem Hochmeister, und bat ihn, bewaffnete
Mannschaft gegen die Mörder auszuschicken
Dieser lehnte es aber ab, und als er um die Ur,
sache befragt wurde, und einige Ritter vorlaut
wurden, erklärte er mit fürchterlichem Ernste, daß
man über Dinge sein Urtheil zurück halten sollte,
die man nicht verstünde. Ob die Fehme in Preu,
ßen auch besondere Stühle gehabt habe, erhellt
aus den dunkeln Nachrichten nicht, die wir dar,
über bey den Chronikenschreibern haben, denn
keiner spricht davon, als Vinzenz und Dus,
burg, wozu Hartknoch eine unbedeutende
Note gemacht hat. Vielleicht läßt sich auch das

damals in Teutschland übliche Sprüchwort:
wenn du klug bist, so hintergehe die
Brüder in Preußen, aus den Verbindungen
der Brüder mit der heiligen Fehme erklären.
Dieß ist wenigstens wahrscheinlicher, als es aus
den weisen Anstalten des Hochmeisters Knipro=
be und einiger Komture ganz allein herzuleiten.
Eben dieses Sprüchwort galt zu der nämlichen
Zeit in verschiedenen Gegenden von Teutschland
von der Fehme, besonders in Westfalen, Nieder=
sachsen und im Köllnischen; wie die Chroniken=
schreiber bezeugen.

Es ist zu bewundern, mit welchem Muthe
sich Kniprode den Anmaßungen des Papstes
zu einer Zeit widersetzt hat, da sich dieser mit
Schrecknissen die Gemüther des Volks unter=
warf, den Verstand der Menschen durch den
Bann gefangen hielt, und in der finstern Nacht
die Augen durch Blitze verblendete. Die päbst=
lichen Legaten, die damals ausser ihrem Gebiete
allerley Unfug trieben, kamen auch nach Preu=
ßen; um die geistlichen Güter mit dem soge=
nannten Peterpfennige zu brandschatzen. Die
Geistlichkeit hatte schon nachgegeben, aber Knip=
rode widersetzte sich aus allen Kräften, und er

ließ einen geschärften Befehl durch das Land,
daß sich Niemand unterstehen sollte, dem Legaten
eine Abgabe zu entrichten. Dieser Befehl ward
von der Geistlichkeit, der ohnehin diese Brand-
schatzung beschwerlich war, genau befolgt. Der
erzürnte Legat belegte darauf das ganze Land
mit einem Interdicte, das aber ganz und gar
seine Wirkung verfehlte. Wer da weiß, was für
fürchterliche Folgen ein solches Interdict nach sich
zog *), muß sich wundern, daß ihm Niemand
gehorchte, als die Bischöfe von Culm und Ermeland. Darüber klagte der Legat bey dem Pabst-
ste, der den Bann bestätigte, und ihn noch besonders auf den Hochmeister ausdehnte. Aber
auch dieß hatte keine Folgen, und Kniprode
blieb unverändert standhaft. Da wandten sich
die Priester an Kayser Karl IV. Aber dieser
unterlag dem Golde des Ordens, und that weiter nichts, als daß er auf die Bitte des Bischofs
von Ermeland Gesandte nach Marienburg
schickte, und zwischen ihm und dem Hochmeister

---

*) Am besten und kürzesten beschreibt die Folgen
Spittler in seiner Kirchengeschichte.

einen Vergleich zu vermitteln suchte. Aber diese hatten den gemessensten Befehl, die Sache nach dem Wunsche des Hochmeisters zu entscheiden. Der Bischof war damals in Avignon, und kam auch nicht wieder zurück, um diesen verhaßten Vergleich nicht unterzeichnen zu müssen. Sein Nachfolger, Heinrich von Sorenbaum, trat aber wieder mit dem Orden in Freundschaft. Desto hartnäckiger war der Bischof Wigbold von Culm. Daher ließ ihn der Hochmeister durch den Ritter Hans Kindschen *) in Kulmsee gefangen nehmen. Er erhielt seine Freiheit nur unter der Bedingung wieder, daß er entweder 4000 Mark bezahlen, oder für die Befreyung von dem Banne sorgen sollte. Er entwischte aber, und starb zu Köln am Rhein, ohne sein Versprechen zu erfüllen.

Der Muth, den Kniprode während dieses ganzen Handels bewieß, läßt sich eines Theils aus seinen hohen Einsichten und seltenen Regierungstalenten, hauptsächlich aber aus einigen Rechten herleiten, welche die Päbste schon vorher dem Orden ertheilt hatten. Honorius III.

---

*) Dusburg, edit. Hartknoch. p. 428.

hatte schon im Jahre 1220 ein Breve erlassen, und geboten, daß die Bischöfe und Prälaten den Orden nicht beläsigen sollten. In dem nämlichen Jahre erschien ein anderes päbstliches Breve, ungefähr des nämlichen Inhalts. Die Hauptstütze von Kniprodens Widersetzlichkeit aber war das Breve Alexanders IV. vom J. 1258, worin ausdrücklich gesagt wird, daß die päbstlichen Nuntien den Orden nicht mit unmäßigen Lasten drücken sollten. *)

*) Affectu benevolentiae fpecialis illa de caufa nos profequi delectamur, qui vigilanter ac ferventer ad hoc intenditis, quod in confpectu Dei et hominum per honeftae converfationis ac piae vitae ftudium placeatis: Sane vos in exhibendis procurationibus legatis et nuntiis apoftolicae fedis, prout accepimus, ex eo gravamini, quod ipfi non contenti procurationibus, quas eisdem parati eftis in victualibus, ac aliis neceffariis exhibere, vobis et ecclefiis et domibus veftris occafione praecurationum hujusmodi, frequenter non modicam pecuniae fummam exigunt et extorquent. Cum autem propter hoc veftrum pium quandoque impediatur propofitum, et terrae fanctae negotio derogetur: nos veftris fupplicationi

bus inclinati, ut praedictis legatis et nuntiis ex-
ceptis tamen fratribus noftris R. E. Cardinalibus,
ad folvendas procurationes pecuniarias hujus
modi, cogi aliquatenus non poffitis, vobis auc
toritate praefentium indulgemus, dummodo prae-
dictos legatos et nuntios in victualibus et aliis
neceffariis praecuretis, sententias vero, si quae
in vos vel aliquem de ordine veftro contra in-
dultum hujusmodi de cetero fuerint promulga-
tae, iritas ex nunc effe decrevimus et inanes:
nulli ergo omnino hominum liceat, hanc pagi-
nam noftrae conceffionis et conftitutiohis infrin-
gere, vel ei ausu temerario contraire etc.

IV.

Tod des Hochmeisters.

Am 23. Junius rührte den Hochmeister der 1381 Schlag, da er eben mit dem obersten Spittler über einer Anstalt zur Verpflegung der Wittwen und Waisen beschäftigt war. Tags darauf starb er mit voller Geistesgegenwart und innerer Ruhe. Ganz Marienburg folgte dem Zuge, da ihn der Priester segnete, und weinte um ihn. Nach seinem letzten Willen sollten die Armen im Lande sein baares Vermögen, und seines Bruders Tochter, die an einen von Todtenburg in Teutschland verheirathet war, seine Kleinodien erben. An seinem Todestage ließ er die Ordensgebietiger um sein Lager versammeln, und mahnte sie zum ehrenvollen Frieden mit den Litthauern. Sein Leichnam ward zu Marienburg beigesetzt.

So starb Kniprode, wie er gelebt und
wie er regiert hatte, mitten im großen Berufe,
sein Volk zu beglücken.   Einunddreißig Jahre
hatte er regiert, am längsten unter allen Hochmei-
stern, und am glorreichsten.   Seit der Stiftung
des Ordens hat sich wohl nie die Regententu-
gend mannichfaltiger geäussert, noch die Geistes-
stärke unter den schwersten Lasten glorwürdiger
ermannt.   Er war zu groß für den Orden, und
starb ohne Nachfolger, wie Karl der Große.